企业模拟经营沙盘实战操作手册

主编◎项娜 李犇 张俊松 原亚鑫

同济大学出版社
TONGJI UNIVERSITY PRESS
·上海·

前　言

“ERP沙盘模拟实训”课程依托先进的现代企业经营与管理技术——企业资源计划(Enterprise Resource Planning,ERP),通过创建角色体验实训平台,将制作企业战略、生产决策、企业投资、财务理念、市场营销等企业日常经营模式进入课堂。学生通过体验,感受企业的营销与规划中心、生产中心、物流中心和财务中心的运作流程,在参与中完成从知识到技能的转化。培养学生掌握会计专业相关理论知识及专业技能,以及企业生产、营销、人力资源、财务、行政事务等方面的知识和初步管理能力,使他们具有良好的职业道德和团队精神,成为“一技之长+综合素质”全面发展的技能型人才。

本书依据会计专业人才培养目标和相关职业岗位(群)的能力要求而编写,是基于新道新商战沙盘系统V5.0的“ERP沙盘模拟实训”课程用书。本书由铁岭师范高等专科学校项娜、李犇、张俊松,新道科技股份有限公司原亚鑫共同主编。铁岭师范高等专科学校殷雪、任青水、周彤、张玉杰等参与了本书的编写。本书融合了编者多年的教学经验和指导学生参加相关比赛的心得,阐述了专业理论知识和实际操作步骤详情、规则,可作为高等职业院校学生“ERP沙盘模拟实训”课程的教材。本书在编写过程中,注重理论教学与实践教学内容的占比,尽可能充分彰显职业性的特色,具有一定的前瞻性;在形式上,追求内容的灵活性,更大程度地激发学生的学习兴趣；在编写成员的结构上，由具有企业一线工作经历的员工以及丰富理论教学与实践教学经验的教师组成，注重教材的全面性。

由于编者学识和经验有限，书中如有疏漏之处，望读者批评指正。

编　者

2024 年 9 月

目　录

第一章

企业模拟经营沙盘认知

一、企业模拟经营沙盘简介

ERP 企业模拟经营沙盘培训不同于传统的课堂授课方式，其通过运用独特、直观的教具，模拟企业真实的内部经营环境与外部竞争环境，结合角色扮演、情景模拟、教师点评等环节，让学生体验企业的管理流程和企业在竞争环境下生存、发展的过程，以及在此过程中必须做出的关键决策。

ERP 企业模拟经营沙盘培训将企业的主要流程缩小在一个沙盘上。我们可以直观地观察企业物流、资金流、信息流的变化及其对企业的影响。企业的物流包括确定原材料订单、原材料入库、组织生产、接销售订单、发货等；企业的资金流包括现金、借款、应收账款、人工成本、设备维修费、制造费用、管理费用、广告费、市场推广费、产品研发费用等；企业的信息流包括市场预测分析、竞争环境分析、竞争对手经营情况分析、企业财报分析等。ERP 企业模拟经营沙盘的整体布局如图 1-1 所示。

在 ERP 企业模拟经营沙盘培训中，将 5～8 个学生分成若干小组（如为小班授课，则分成 6 组最佳，每组 5 人），每个小组代表一家企业。每家企业的主要岗位及其职能分别为：公司总裁

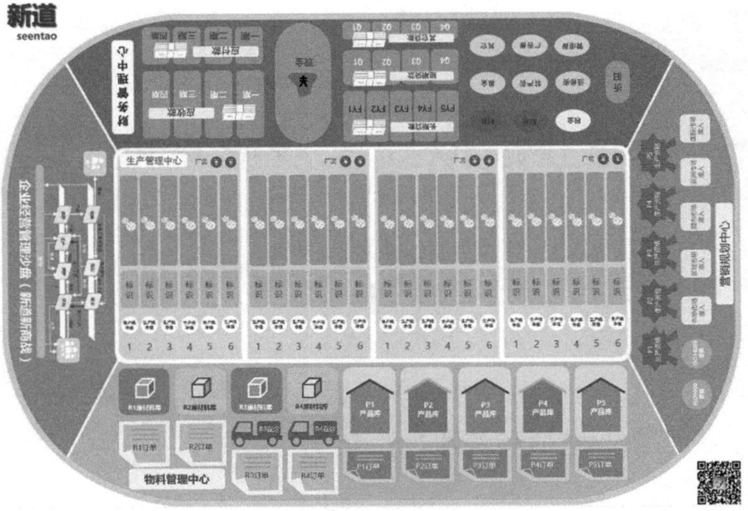

图 1-1　ERP 企业模拟经营沙盘的整体布局

(CEO)，负责制定企业长期的经营战略和每年的经营规划，分配成员角色，协调团队沟通合作等；财务总监（CFO），负责企业的资金筹措、资金运作、费用成本控制、现金流管理、财务核算等；生产总监（PM），负责企业的生产战略制定，编制和执行生产计划、设备更新计划等；采购总监（CPO），负责采购计划的制订和执行、企业内部物流控制等；营销总监（CMO），负责企业的营销战略、新市场开拓规划、新产品研发计划、广告投放策略的制定和执行等。

每个小组的初始状态相同，即都拥有相同的资金、设备和固定资产。用现金为企业打广告→在市场上获得订单→用现金购买原材料并建立新的生产线→投入生产→产品完工交货→从客户手中获得收益→用现金开发新的产品和新的市场→用现金支付员工工资、税金等。当资金短缺时，企业可向银行申请贷款或卖出固定资产。经过 6 年的经营，最终根据每家企业的所有者权益余额评出优胜企业。

ERP 企业模拟经营沙盘培训突破了传统的管理实训课程的局限，让学生通过模拟企业运行状况，在制定战略、分析市场、组织生产、整体营销和财务结算等一系列活动中体验企业经营的全过程，并认识到企业资源的有限性，在各种决策的成功和失败中，学习、巩固和融会贯通各种管理知识，掌握管理技巧，从而深刻理解企业 ERP 的管理思想，领悟科学的管理规律，提升自身的管理能力。

二、使用企业模拟经营沙盘的意义及目标

本课程运用直观的沙盘教具和系统平台软件，融入市场变数，结合角色扮演、情景模拟、讲师点评等环节，使受训人员在虚拟的市场竞争环境中直接参与企业的经营活动，体验企业的采购、研发、生产、销售、计划、财务核算、筹资与投资管理等各方面的运作流程，承担经营的风险与责任，学习管理知识，掌握管理技巧，感受管理真谛，提高团队协作精神，全面提升企业经营管理所需的素质与能力，深入理解和有效掌握企业经营管理理论，运用所学理论及方法解决企业经营管理实践中产生的问题。

使用企业模拟经营沙盘的目标：

（1）系统地体验制造企业的完整运营流程，理解物流、资金流、信息流的协同过程。

（2）深刻理解企业战略的重要性。学会用战略的眼光看待企业的业务和经营，保证业务与战略的一致。

（3）掌握常用的营销方法和营销策略。学会分析市场、制定营销策略、竞争对手分析。

（4）了解生产运作管理的基本内容。感受生产与销售、采购

的密切关系。

（5）理解现金对于企业的重要性。学会解读财务报表，并能进行简单的财务分析。

（6）理解团队合作的重要性，树立全局观念及共赢理念。

（7）体会信息化对企业管理的重要性，理解企业信息化建设引起的企业管理变革。

三、企业模拟经营沙盘运营与管理的价值

（一）培养大局观

企业经营管理以沙盘形态展开，学生可以以企业高级管理人员（CEO、CFO、PM、CPO、CMO等）的视角，体验企业管理流程和企业在竞争环境下生存、发展的过程，以及在此过程中必须做出的关键决策。整个过程涉及整体战略规划、产品研发、设备投资改造、生产能力规划、物料需求计划、资金需求计划、市场与销售、财务经济指标分析、团队沟通与建设等多方面的内容。学生可以全面感受一个企业的物流、资金流、信息流是如何运转和传递的。面对不同的市场竞争与博弈，制定方案并且执行，这是一个尝试的过程，无论结果如何，再进行复盘，以科学、理性的视角进行再学习。

学生刚接触企业模拟经营沙盘的时候，可能无法理解大局观的好处，但之后回顾成长轨迹，都会感谢沙盘带给他们大局观的体验。

学生在学习企业模拟经营沙盘的时候，所做的预算、每一项决策、横向市场供需分析等，都是在不知不觉中慢慢学会的。学生是选择研发新产品、提高生产能力，还是预留资金抢占下一个市场，每一项决策都是“战略＋战术”的组合。就像人们常说的

“一盘一人生”，一场企业模拟经营沙盘竞赛，仅仅持续1天零8个小时，但在这个过程中，公司模拟经营了6年，经历了一次次选择的过程。学生在影响因素较多的环境下，如何有选择性地思考，在本次模拟经营中会得到较多的训练与学习。

（二）培养理性思维

这里的理性思维，不单单指计算能力、计算方法，更多的是当面对未知的情况需要做决策时，用数字化的方式，而不是感性的判断；在面对问题时，有充分的思维依据，能对事物或问题进行观察、比较、分析、综合、抽象与概括的能力。

关于理性思维，建议教师在企业模拟经营沙盘的教学工作中对学生从以下四个方面进行引导。

1. 明确的人生目标

人生目标使个体在规划人生的同时，可以更理性地设计和思考自己的未来，尝试性地选择未来适合自己从事的工作和生活，及早（以学生时代为起点）培养自己的综合能力和综合素质，最终成为自己想成为的那个人（理想形象）。在企业模拟经营沙盘的教学过程中，引导学生根据市场竞争环境以及企业现状，制订年度经营目标和全年的计划，并引导学生进行尝试。

沙盘教学关键词：目标，计划，尝试。

2. 良好的个人风险管理机制

个人风险管理是指在个体在对自身的人际交往和自身环境的风险进行主动识别、评估的基础上，对存在潜在风险的人事关系、环境作出预防性的措施，以应对潜在风险的发生，有效地控制、妥善处理风险所致的结果，以便以最低的成本、最大限度地保障自身的权益。从自身的人事环境中找出规律性的东西，发现自身行为与环境的内在联系、运行效果及运行机制，对自身行为风险的管理达成预见性的、有效的应对和管控，从根本上杜绝盲目的言行和冲动，从而避免由于不当言行对自身目的的实现造成的干扰。无论是企业模拟经营沙盘，还是在实际生活中，个体或企业都在思考如何以最低的成本获取最大的收益，比如日本丰田JIT生产方式，极大地优化了资金利用率。但如果没有良好的资金预算，反而会增加资金链断裂的风险；如果没有准确的预算体系，对于企业管理将很难做到有效管控。

沙盘教学关键词：预算，管控。

3. 对工作和生活拥有明晰的行动规划

行动规划是将理念从静态转变为动态，将具体的工作或事务按照事理逻辑联系，形成一个个可执行的工作细节与措施，并在实际工作中逐一执行，以达成节约时间、提高效率的目标管理原则。在企业模拟经营沙盘教学中，引导学生认识到时间是资源，亦是成本。企业经营本身是动态的，不要根据某一时点来作分析，而要加上时间这个维度去思考。

沙盘教学关键词：时间，计划。

4. 行为处事的条理性和层次感

人们的日常事务，有的必须及时办理，有的则可以缓办，所以对于日常事务的处理，应当根据事务的轻、重、缓、急状况区别对待，在正确的时间做正确的事，这种处理事务的方式具有条理性。在对待同类事务上使用不同的处置分量，其着力正好达到预期的效果，这种分寸拿捏得当的处理事务程度就是层次感。在企业模拟经营沙盘教学工作中，有的学生对企业打广告有疑惑，他们认为，广告打得多了，费用过高，打得少了，销量下降去不了库存。甚至有的学生认为，通过广告吸引客户的方法，其运气成分很大。这时的教学工作应培养学生的理性思维。广告的基础是判断产品的竞争情况、整体市场的供需情况，以及竞争对手的经营情况等。整个过程要有清晰的层次。

沙盘教学关键词：分析，广告。

（三）培养逻辑思维能力

逻辑思维是人们在认识客观事物的过程中，借助概念、判断、推理等思维形式，能动地反映客观现实的理性认识过程，又称抽象思维。通俗来说，逻辑思维就是透过现象看本质，是人们在遵守自然规律与社会法则的前提下，运用能够识别、判断、评估实际理由，并使人的行为符合特定目的，智能地去发现问题和解决问题的能力。人们对于客观事物的认识只有借助逻辑思维才能达到对具体对象本质规律的把握，进而认识客观世界。一些刚接触企业模拟经营沙盘的学生，往往凭感性做事，没有准确的分析与判断。在面对决策时，不清楚所做的决策会对将来带来怎样的影响。就像下棋一样，一个只能算 10 步的选手，在面对能计算 100 步的选手时，是很难取胜的。所以在教学工作中，不仅要教学生方法，还要让学生理解原理以及背后的价值。

沙盘教学关键词：全面预算，精确。

（四）团队合作与独立性

企业模拟经营沙盘的初步教学过程往往以组队的方式进行，其目的是让学生感受团队的重要性，以及协同、配合、权责等。如果条件允许（第一次教学用手工沙盘，第二次教学用电子沙盘），并且学生也已经初步入门的情况下，可以尝试单人单组再进行一次。

第二章

企业模拟经营沙盘流程

一、企业全年经营流程

（一）企业年度经营流程

新创业者模拟企业经营的 6 个年度，每个年度分设 4 个季度运营。企业全年经营流程如图 2-1 所示。

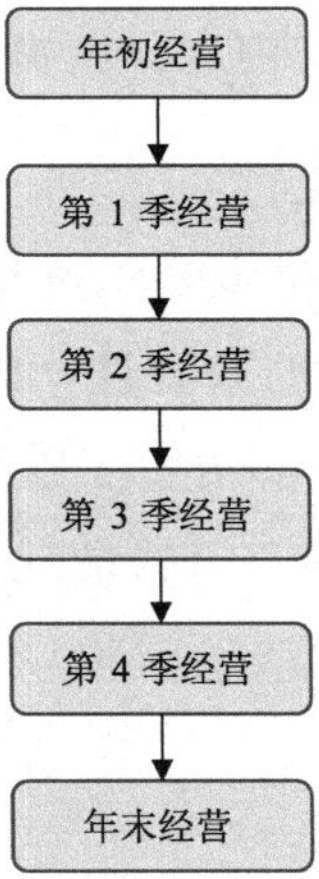

图 2-1　企业全年经营流程

（二）企业年初经营流程

企业年初经营流程包括年度规划会议、投放广告、支付广告费、支付所得税、参加订货会、长期贷款。具体经营流程如图 2-2 所示。

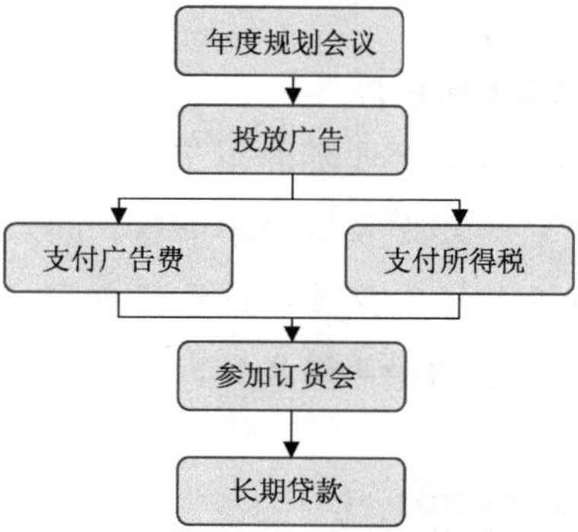

图 2-2　企业年初经营流程

（三）企业每季度经营流程

企业每季度经营流程如图 2-3 所示。

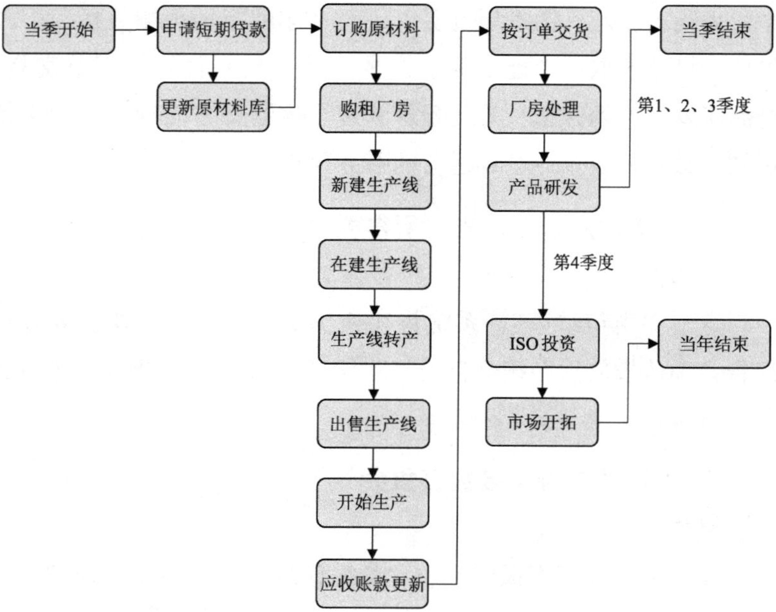

图 2-3　企业每季度经营流程

（四）企业年末经营流程

企业年末经营流程主要包括填写报表和投放广告。报表分为综合费用表、利润表和资产负债表。

（五）流程外企业经营操作

除上述经营操作外，企业随时可进行的经营操作有贴现、紧急采购、出售库存、厂房贴现、订单信息、间谍。

注：为保证企业按规则经营，系统限制了各组企业在参加竞单会过程中进行紧急采购和间谍操作。

二、企业年初经营实践

（一）年度规划会议

年度规划会议在企业每个运营年度开始时召开（在软件中无须操作）。年度规划会议一般由团队的 CEO 主持召开，会同团队中的采购、生产、销售等负责人进行全年的市场预测分析、广告投放、订单选取、产能扩张、产能安排、材料订购、订单交货、产品研发、市场开拓、筹资管理和现金控制等方面的分析和决策规划，最终完成企业全年运营的财务预算。

（二）支付广告费、支付所得税

操作：

点击“当年结束”，系统将切换到下一年年初，如需要投放广告，确认投放后系统会自动扣除所需投放的广告费和上年应交的所得税。

（三）投放广告、参加订货会

操作：

点击主页面下方操作区中“参加订货会”菜单，弹出“订货会就绪（等待教师开通）!”对话框（图 2-4）或“参加订货会”对话框（图 2-5）。当有企业尚未完成投放广告操作时，系统显示图 2-4；当所有企业均已完成广告投放，且教师/裁判已经启动订货会时，系统显示图 2-5。

图 2-4　“订货会就绪（等待教师开通）!”对话框

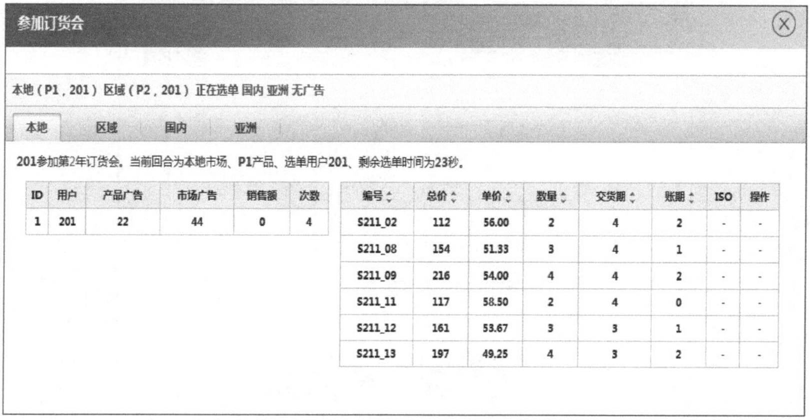

ID	用户	产品广告	市场广告	销售额	次数
1	201	22	44	0	4

编号	总价	单价	数量	交货期	账期	ISO	操作
S211_02	112	56.00	2	4	2	-	-
S211_08	154	51.33	3	4	1	-	-
S211_09	216	54.00	4	4	2	-	-
S211_11	117	58.50	2	4	0	-	-
S211_12	161	53.67	3	3	1	-	-
S211_13	197	49.25	4	3	2	-	-

图 2-5　“参加订货会”对话框

说明：

系统会提示正在选单的市场（显示为红色）、选单用户和剩余选单时间，企业在选单时特别要关注上述信息。

对话框左边显示某市场的选单顺序，右边显示该市场的订单列表。未轮到当前用户选单时，右边操作一列将无法点击。轮到当前用户选单时，操作显示“选中”按钮，点击“选中”，成功选单。选单倒计时结束后，用户将无法选单。

注意：选单时有两个市场在同时进行选单的情况，此时很容易漏选市场订单。

全部市场选单结束后，订货会结束。

（四）长期贷款

操作：

点击主页下方操作区中“申请长贷”菜单，弹出“申请长贷”对话框（图 2-6）。弹出框中显示本企业当前的最大贷款额度，点击“需贷款年限”下拉框，选择贷款年限，在“需贷款额”框内输入贷款金额，点击“确认”，即申请长期贷款成功。

图 2-6 “申请长贷”对话框

说明：

在“需贷款年限”菜单中，系统预设了 1 年、2 年、3 年、4 年和 5 年。最大贷款额度，系统设定为上年末企业所有者权益的 N 倍，N 的具体数值由教师/裁判在参数设置中设定。需贷款额由企业在年度规划会议中根据企业运营规划确定，但不得超过最大贷款额度。

长期贷款为分期付息，到期一次还本。年利率由教师/裁判在参数设置中设定。

举例：

若长期贷款年利率设定为 10%，最大贷款额度设定为上年末企业所有者权益的 3 倍。现上年末企业所有者权益为 80 万元，则本年度最大贷款额度为 240 万元（即 80 万元×3）。若企业之前没有贷款，则本次最大贷款额度为 240 万元；若企业之前已经存在 100 万元的贷款，则本次最大贷款额度为 140 万元（即 240 万元－100 万元）。

若企业第 1 年年初贷款了 100 万元，期限 5 年，则系统会在第 2、3、4、5、6 年年初自动扣除长期贷款利息 10 万元（100 万元×10%），并在第 6 年年初自动偿还长期贷款本金 100 万元。

三、企业每季度经营实践

（一）当季开始

操作：

点击“当季开始”按钮，系统弹出“当季开始”对话框（图 2-7），点击“确认”后，开始季度内的各项操作。

说明：

操作当季开始时，系统将自动完成短期贷款的更新，偿还短

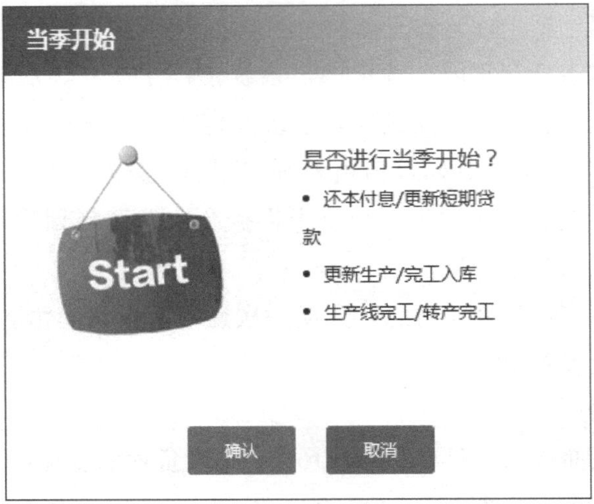

图 2-7 “当季开始”对话框

期贷款本息，检测更新生产/完工入库情况（若已完工，则完工产品会自动进入产品库，可通过查询库存信息了解入库情况），检测生产线完工/转产完工情况。

（二）申请短期贷款

操作：

点击主页下方操作区中“申请短贷”菜单，弹出“申请短贷”对话框（图 2-8）。在“需贷款额”框内输入贷款金额，点击“确认”，即申请短期贷款成功。

说明：

短期贷款的默认期限为 1 年，到期一次还本付息，贷款年利率由教师/裁判在参数设置中设定，需贷款额不得超过“申请短贷”对话框中的“最大贷款额度”。

举例：

若短期贷款年利率设定为 5%，企业若在第 1 年第 1 季度贷

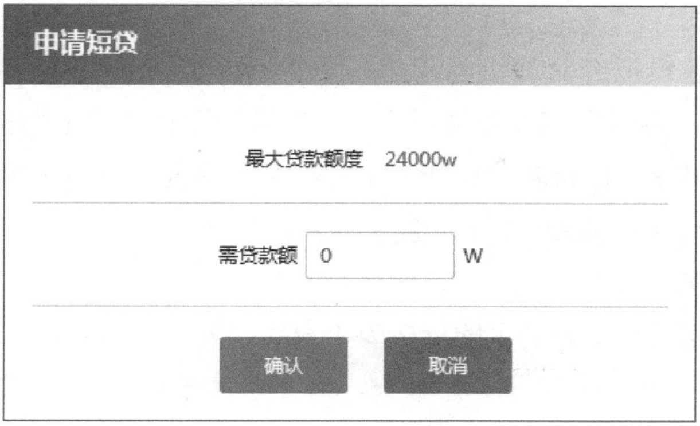

图 2-8　“申请短贷”对话框

款 20 万元，那么，企业需在第 2 年第 1 季度偿还该笔贷款的本金 20 万元和利息 1 万元（20 万元×5%）。

（三）更新原材料库

操作：

点击主页下方操作区中“更新原料库”菜单，弹出“更新原料”对话框（图 2-9），提示当前入库原材料所需支付的现金。确认金额无误后，点击“确认”，系统扣除现金后增加原材料库存。

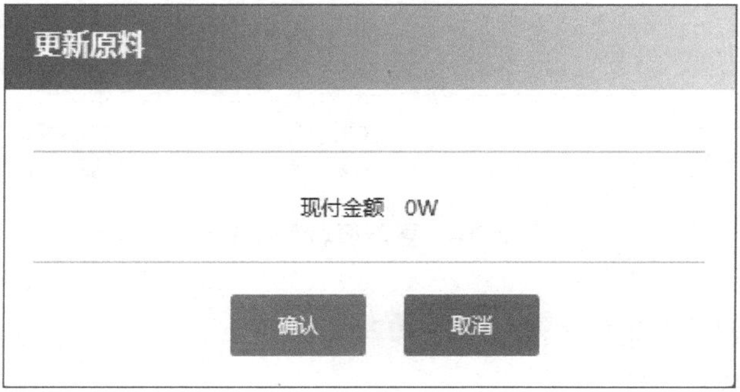

图 2-9　“更新原料”对话框

说明：

企业模拟经营沙盘运营中，原材料一般分为 R1、R2、R3、R4 四种，采购价格由系统设定，一般每种原材料的采购价格为 1 万元。其中，原材料 R1、R2 在采购 1 个季度后支付采购款，原材料 R3、R4 在采购 2 个季度后支付采购款。

举例：

若每种原材料的采购价格为 1 万元，若某企业在第 1 季度采购了 R1、R2、R3、R4 各 1 个，第 2 季度采购了 R1、R2、R3、R4 各 2 个，则第 2 季度更新原材料操作时，需支付的材料采购款为 2 万元（第 1 季度采购的 R1、R2 款项），第 3 季度更新原材料操作时，需支付的材料采购款为 6 万元（第 1 季度采购的 R3、R4 款项和第 2 季度采购的 R1、R2 款项）。分析过程详见图 2-10。

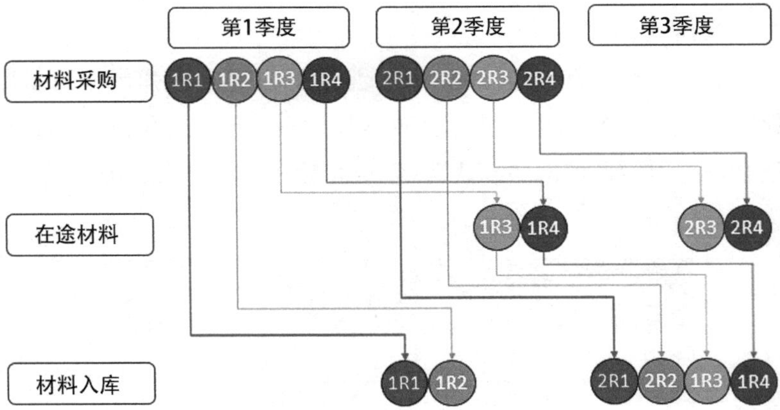

图 2-10　更新原材料库分析

（四）订购原材料

操作：

点击主页下方操作区中“订购原料”菜单，弹出“订购原料”对话框（图 2-11），显示原料名称、价格以及运货期信息，在“数量”一列输入需订购的原材料数量，点击“确认”即可。

图 2-11　“订购原料”对话框

说明：

如前所述，企业原材料一般分为 R1、R2、R3、R4 四种，其中 R1、R2 须提前 1 个季度采购，在 1 个季度后支付款项并入库，R3、R4 须提前 2 个季度采购，在 2 个季度后支付款项并入库。原材料采购数量由后期生产需要决定，采购多了会造成现金占用，采购少了则不能满足生产需要，导致生产线停产，甚至无法按期完成产品交货，产品订单违约。

举例：

若企业第 2 季度需要领用 5R1、4R2，第 3 季度需要领用 3R1、4R2、5R3、4R4，第 4 季度需要领用 4R1、6R2、4R3、5R4，则企业第 1 季度需要采购的原材料为 5R1、4R2、5R3、

4R4，第 2 季度需要采购的原材料为 3R1、4R2、4R3、5R4，第 3 季度需要采购的原材料为 4R1、6R2。分析过程如图 2-12 所示。

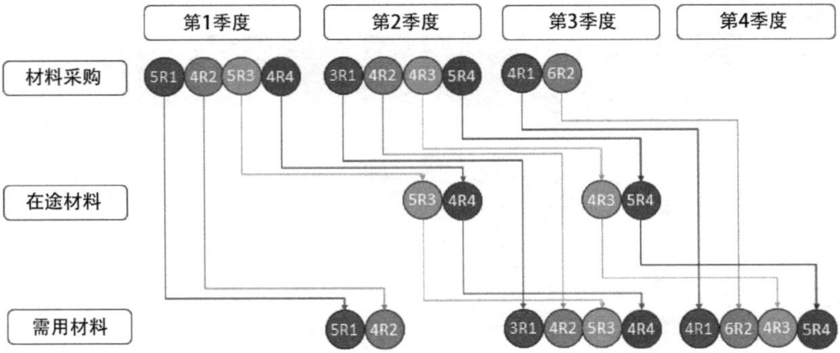

图 2-12　订购原材料分析

(五) 购租厂房

操作：

点击主页下方操作区中“购租厂房”菜单，弹出“购租厂房”对话框（图 2-13）。点击“厂房类型”下拉框，下拉框中提示每种厂房的购买价格、租用价格等，选择厂房类型，选择“订购方式”中的“买”或“租”，完成后点击“确认”即可。

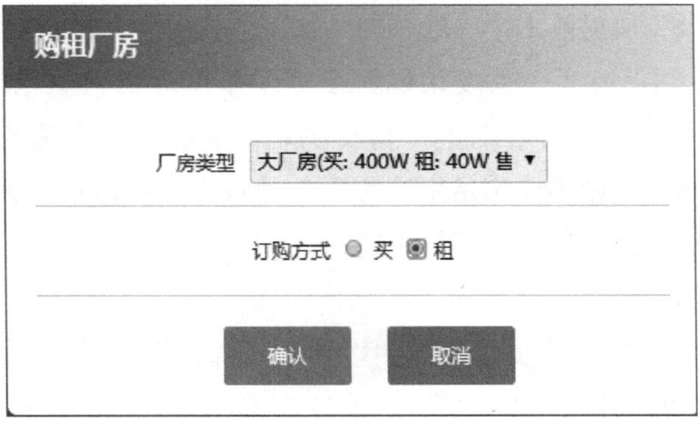

图 2-13　“购租厂房”对话框

说明：

厂房类型根据需要选择“大厂房”或“小厂房”，订购方式可以根据需要选择“买”或“租”。厂房每季均可购入或租入。

若选择“买”，则一次性支付购买价款，无后续费用；若选择“租”，则每年支付租金，支付租金的时间为租入时以及以后每年对应季度的季末。

举例：

若企业在第 1 年第 2 季度选择购入 1 个大厂房，则系统会在购入时一次性扣除相应的购买价款，以后不再产生相关费用。

若企业在第 1 年第 2 季度选择租入 1 个大厂房，则在第 1 年第 2 季度租入时支付第 1 年租金，以后每年的租金由系统自动在第 2 季度季末支付。

（六）新建生产线

操作：

点击主页下方操作区中“新建生产线”菜单，弹出“新建生产线”对话框（图 2-14）。选择新建生产线的厂房，点击“类型”

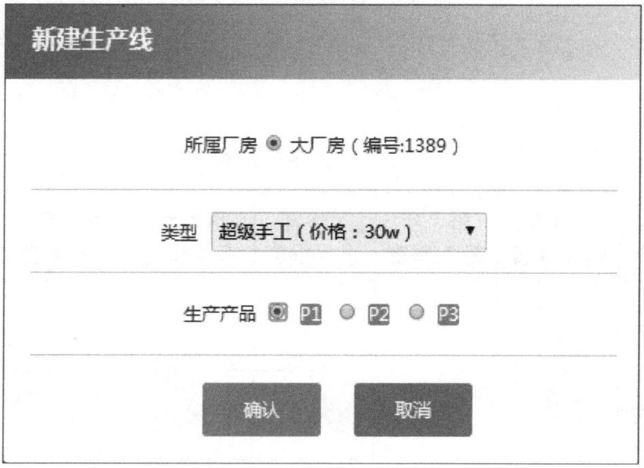

图 2-14　“新建生产线”对话框

下拉框，下拉框中有新建生产线的购买价格，选择新建生产线类型，完成后点击“确认”即可。

提醒：新建多条生产线时，无须退出该界面，可重复操作。

说明：

生产线一般包括手工线、半自动线、自动线和柔性线等，各种生产线的购买价格、折旧、残值、生产周期、转产周期、建造周期详见规则说明。

举例：

如规则规定手工线的购买价格为 5 万元、建造期 0 期；半自动线的购买价格为 10 万元、建造期 1 期；自动线的购买价格为 15 万元、建造期 3 期；柔性线的购买价格为 20 万元、建造期 4 期。

如果企业在第 1 年第 1 季度同时建造上述生产线，则第 1 季度新建生产线时须支付 25 万元（手工线 5 万元＋半自动线 10 万元＋自动线 5 万元＋柔性线 5 万元），第 2 季度在建生产线时须支付 10 万元（自动线 5 万元＋柔性线 5 万元），第 3 季度在建生产线时须支付 10 万元（自动线 5 万元＋柔性线 5 万元），第 4 季度在建生产线时须支付 5 万元（柔性线 5 万元）。建造过程详见表 2-1。

表 2-1　新建生产线

生产线类型	第 1 年第 1 季度	第 1 年第 2 季度	第 1 年第 3 季度	第 1 年第 4 季度	第 2 年第 1 季度	总投资额
手工线	5 万元 建成	—	—	—	—	5 万元
半自动线	10 万元 在建	建成	—	—	—	10 万元

（续表）

生产线类型	第 1 年第 1 季度	第 1 年第 2 季度	第 1 年第 3 季度	第 1 年第 4 季度	第 2 年第 1 季度	总投资额
自动线	5 万元 在建	5 万元 在建	5 万元 在建	建成	—	15 万元
柔性线	5 万元 在建	5 万元 在建	5 万元 在建	5 万元 在建	建成	20 万元
当季投资总额	25 万元	10 万元	10 万元	5 万元	—	—

（七）在建生产线

操作：

点击主页下方操作区中“在建生产线”菜单，弹出“在建生产线”对话框（图 2-15）。显示需要继续投资建设的生产线的信息，勾选决定继续投资的生产线，点击“确认”即可。

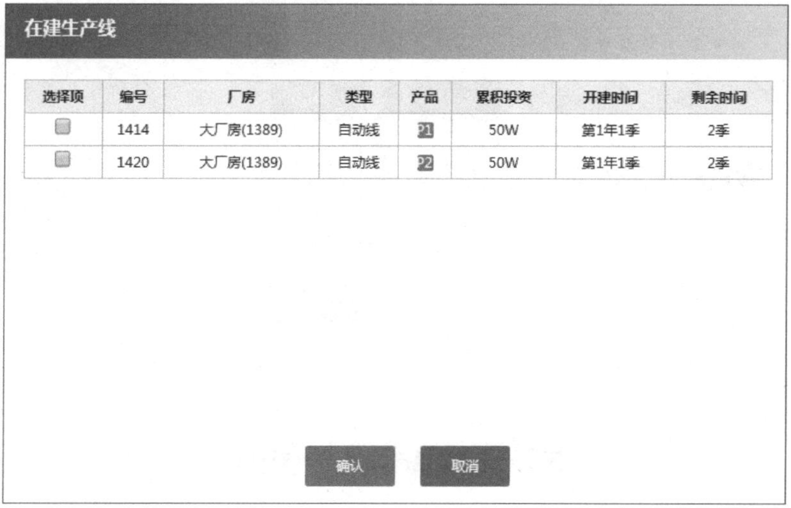

图 2-15 “在建生产线”对话框

说明：

只有处于建造期的生产线才会在此对话框中显示，该对话框会同时显示处于建造期间的生产线的累积投资、开建时间和剩余时间。

(八) 生产线转产

操作：

点击主页下方操作区中“生产线转产”菜单，弹出“生产线转产”对话框（图 2-16）。显示可以进行生产线转产的生产线信息，勾选决定转产的生产线以及转产产品，点击“确认转产”即可。

图 2-16 “生产线转产”对话框

说明：

生产线在建造时就已经确定了生产的产品种类，但是在企业运营过程中，为完成不同产品数量的订单，保证按时交货，可能会对生产线生产的产品进行适当的转产操作，转产时要求该生产线处于待生产状态，否则，不可进行转产操作。

转产时，不同生产线的转产费用和转产周期是有区别的，具体详见规则说明。当转产周期大于 1 期时，下一季度点击“生产线转产”菜单，弹出的对话框中显示需要继续转产的生产线，勾选即继续转产，不选则中断转产。

举例：

若规则规定手工线转产周期为 0 期、转产费用为 0。某手工线原定生产 P1 产品，现在需要转产为 P2 产品，则转产时要求该手工线上没有在产品方能转产，且转产当季即可上线生产新的 P2 产品，无须支付转产费用。

若假定规则规定半自动线转产周期为 1 期，转产费用为 1 万元。某半自动线原定生产 P1 产品，现在需要转产为 P2 产品，则转产时要求该半自动线上没有在产品方能转产，且须进行 1 个季度的“生产线转产”操作后，方能上线生产新的 P2 产品，且须支付相应的转产费用 1 万元。

（九）出售生产线

操作：

点击主页下方操作区中“出售生产线”菜单，弹出“出售生产线”对话框（图 2-17）。显示可以出售的生产线信息，勾选要出售的生产线，点击“确认”即可。

说明：

出售生产线的前提是该生产线是空置的，即没有正在生产的产品。出售时按生产线的残值取得现金，按净值（生产线的原值减去累计折旧后的余额）与残值之间的差额作为企业损失。若该生产线已提足折旧，则不会产生损失；若该生产线未提足折旧，

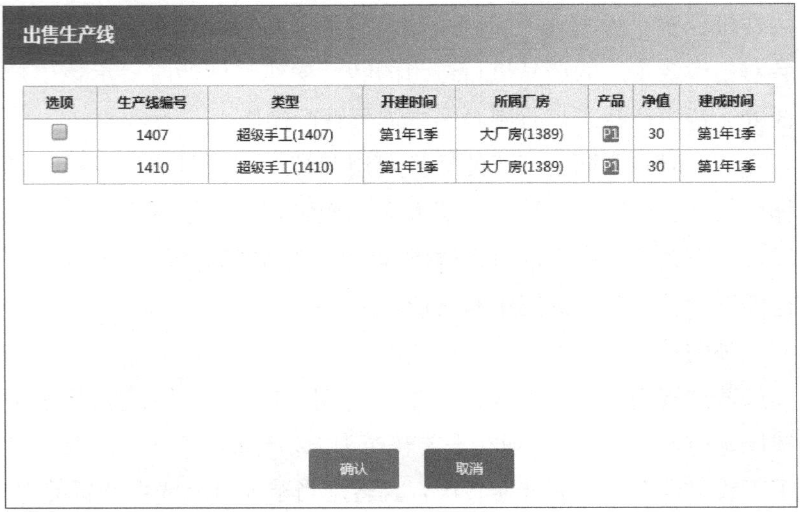

选项	生产线编号	类型	开建时间	所属厂房	产品	净值	建成时间
☐	1407	超级手工(1407)	第1年1季	大厂房(1389)	P1	30	第1年1季
☐	1410	超级手工(1410)	第1年1季	大厂房(1389)	P1	30	第1年1季

图 2-17　“出售生产线”对话框

则必然产生损失。

举例：

若规则规定半自动线建设期为 1 期、原值为 10 万元、残值为 2 万元、使用年限为 4 年，某企业第 1 年第 1 季度开建一条半自动线，则该生产线于第 1 年第 2 季度建成，只要该生产线处于待生产状态即可出售。

若建成后当年将其出售，则会收到 2 万元现金，同时产生 6 万元损失 [售价 2 万元－（原值 10 万元－累计折旧 0－残值 2 万元）]；若第 2 年将其出售，则会收到 2 万元现金，同时产生 4 万元损失 [售价 2 万元－（原值 10 万元－累计折旧 2 万元）－残值 2 万元]，以此类推。

（十）开始生产

操作：

点击主页下方操作区中“开始生产”菜单，弹出“开始下一批生产”对话框（图 2-18）。显示可以进行生产的生产线信息，勾选要投产的生产线，点击“确认”即可。

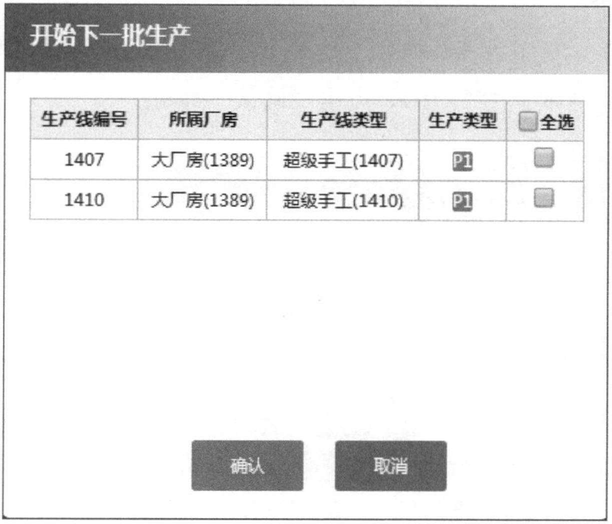

图 2-18　“开始下一批生产”对话框

说明：

开始下一批生产时应保证相应的生产线空闲、产品完成研发、生产原料充足、投产用的现金足够，上述四个条件缺一不可。开始下一批生产操作时，系统会自动从原材料仓库领用相应的原材料，并扣除现金用于生产的人工费用。

举例：

若规则规定 P1 产品构成为 1R1＋1 万元，当前想在某半自动线上上线生产 P1 产品，则要求该半自动线此时没有在产品（因为一条生产线同时只能生产 1 个产品），且原材料仓库须有 1 个 R1 原材料，以及 1 万元现金用于支付产品生产的人工费用。上线生产后，系统会自动从原材料库中领用 1 个 R1，并扣除 1 万元现金的生产费用。

（十一）应收账款更新

操作：

点击主页下方操作区中“应收款更新”菜单，弹出“应收款更新”对话框（图 2-19），点击“确认”即可。

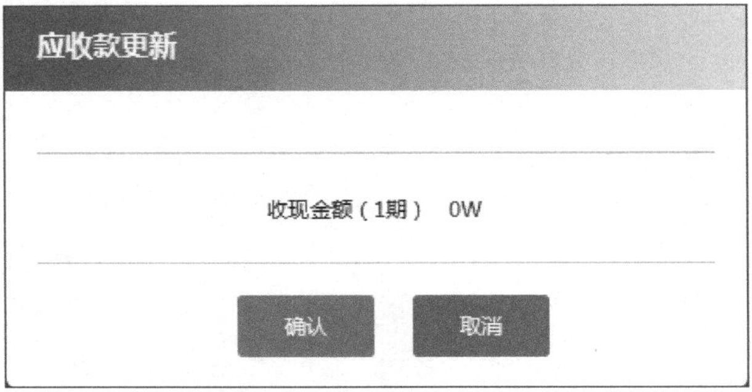

图 2-19 “应收款更新”对话框

说明：

应收账款更新操作实质上是将企业所有的应收款项减少 1 个收账期，它分为两种情况，一种情况是针对本季度尚未到期的应收账款，系统会自动将其收账期减少 1 个季度；另一种情况是针对本季度到期的应收账款，系统会自动计算，并在“收现金额”框内显示，确认收到后，系统将自动增加企业的现金。

举例：

若某企业上季度末有两笔应收账款：一笔为账期 3 期、金额为 20 万元；另一笔为账期 1 期、金额为 30 万元。则本季度在进行应收账款更新时，系统会将账期为 3 期、金额为 20 万元的应收账款更新为账期为 2 期、金额为 20 万元的应收账款，同时系统会自动将账期为 1 期、金额为 30 万元的应收账款收现。

（十二）按订单交货

操作：

点击主页下方操作区中“按订单交货”菜单，弹出“交货订单”对话框（图 2-20）。点击每条订单后的“确认交货”即可。

订单编号	市场	产品	数量	总价	得单年份	交货期	账期	ISO	操作
S211_01	本地	P1	4	208W	第2年	4季	1季	-	确认交货
S211_03	本地	P1	4	208W	第2年	4季	3季	-	确认交货
S211_04	本地	P1	2	96W	第2年	4季	2季	-	确认交货
S211_05	本地	P1	1	53W	第2年	4季	3季	-	确认交货
S211_06	本地	P1	4	201W	第2年	4季	1季	-	确认交货
S211_07	本地	P1	4	179W	第2年	4季	0季	-	确认交货
S211_10	本地	P1	2	96W	第2年	4季	2季	-	确认交货

图 2-20　“交货订单”对话框

说明：

“交货订单”对话框中会显示年初订货会上取得的所有产品订单，每个订单会详细提供数量、总价、交货期、账期等信息。点击相应订单右边的“确认交货”按钮后，若相应产品库存充足，则提示交货成功；若相应产品库存不足，则弹出库存不足的提示框。订单交货后会收取相应的现金或产生相应的应收账款。

举例：

若企业获取的订单情况如图 2-20 所示，则表示上述订单均要求在当年第 4 季度结束前交货；如果不能按时交货，则取消该产品订单，且要支付相应的违约金（违约金比例由教师/裁判在系统参数中设置）。

（十三）厂房处理

操作：

点击主页下方操作区中“厂房处理”菜单，弹出“厂房处理”对话框（图 2-21）。选择厂房处理方式，系统会自动显示符合处理条件的厂房以供选择，勾选厂房，点击“确认”即可。

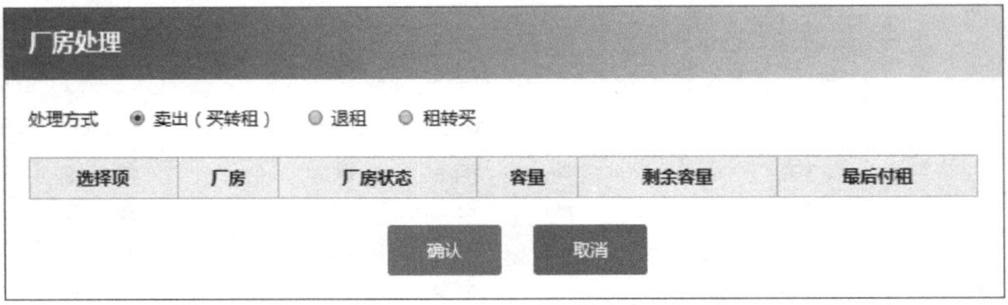

图 2-21　“厂房处理”对话框

说明：

厂房处理方式有卖出（买转租）、退租、租转买三种。

卖出（买转租）操作针对的是原购入的厂房。此操作包括两个环节，一是卖出厂房，二是同时将此厂房租回。卖出厂房将根据规则产生一定金额、一定账期的应收款（详见规则说明），租入厂房须支付相应的租金，这一操作无须厂房空置。

退租操作针对的是原租入的厂房。此操作要求厂房内无生产设备，若从上年支付租金时开始算，租期未满 1 年的，则无须支付退租当年的租金；若租期满 1 年的，则须支付退租当年的租金。

租转买操作针对的是原租入的厂房。此操作包括两个环节，一是退租，二是同时买入该厂房。退租当年是否需要支付租金参照“退租操作”说明，购买厂房时需支付相应的购买价款，这一操作无须厂房空置。

举例：

若规则规定某厂房的购买价为 30 万元，年租金 4 万元。

情况一：企业欲将原购入的厂房买转租，则会产生期限为 4 期、金额为 30 万元的应收款，同时系统会在买转租时自动扣除当期厂房租金 4 万元。

情况二：企业于上年第 2 季度租入厂房，如果在本年度第 2 季度结束前退租，则系统无须支付第 2 个年度的厂房租金；在本年度第 2 季度结束后退租，则系统须扣除第 2 个年度的厂房租金 4 万元。此操作要求该厂房内无生产设备。

情况三：企业欲租转买原租入的厂房，则系统仍会在厂房租入的对应季度扣除当年的租金，并且在租转买时支付厂房的购买价款 30 万元。

（十四）产品研发

操作：

点击主页下方操作区中“产品研发”菜单，弹出“产品研发”对话框（图 2-22）。勾选需要研发的产品，点击“确认”即可。

图 2-22　“产品研发”对话框

说明：

产品研发按照季度来投资，每个季度均可操作，其间可以中断投资，直至产品研发完成，产品研发成功后方能生产相应的产品。产品研发的规则详见规则说明。

举例：

若规定 P1、P2、P3、P4 的研发规则见表 2-2。则：

该企业在第 1 年第 1 季度开始同时研发上述 4 种产品，且期间不中断研发，则第 1 年第 1 季度需支付研发费用 4 万元，第 1 季度无产品研发完成；第 1 年第 2 季度需支付研发费用 4 万元，此时 P1 研发完成，第 3 季度即可生产 P1；第 1 年第 3 季度需支付研发费用 3 万元，此时 P2 研发完成，第 4 季度即可生产 P2；第 1 年第 4 季度需支付研发费用 2 万元，此时 P3 研发完成，第 2 年第 1 季度即可生产 P3；第 2 年第 1 季度需支付研发费用 1 万元，此时 P4 研发完成，第 2 年第 2 季度即可生产 P4。

表 2-2 研发规则

产品类型	第 1 年				第 2 年	
	第 1 季度	第 2 季度	第 3 季度	第 4 季度	第 1 季度	第 2 季度
P1	1 万元	1 万元	研发完成	—	—	—
P2	1 万元	1 万元	1 万元	研发完成	—	—
P3	1 万元	1 万元	1 万元	1 万元	研发完成	—
P4	1 万元	1 万元	1 万元	1 万元	1 万元	研发完成
当季投资总额	4 万元	4 万元	3 万元	2 万元	1 万元	—

（十五）ISO 投资

操作：

该操作只有在每年第 4 季度才会出现。点击主页下方操作区中“ISO 投资”菜单，弹出“ISO 投资”对话框（图 2-23）。勾选需要投资的 ISO 资质，点击“确认”即可。

图 2-23　“ISO 投资”对话框

说明：

ISO 投资包括产品质量（ISO9000）认证投资和产品环保（ISO14000）认证投资。企业若想在订货会上选取带有 ISO 认证的订单，必须取得相应的 ISO 认证资格，否则不能选取该订单。ISO 投资每年进行一次，可中断投资，直至 ISO 投资完成。

举例：

如图 2-23 所示，若该企业在第 1 年同时开始投资 ISO9000 和 ISO14000，中间不中断投资，则第 1 年该企业需支付 ISO 投资额 30 万元（ISO9000 投资费用 10 万元＋ISO14000 投资费用 20 万元），第 2 年该企业还需支付 ISO 投资额 30 万元，此时完成 ISO 投资，该企业方可在第三年的年度订货会中选取带有 ISO 资格要求的订单。

（十六）市场开拓

操作：

该操作只有在每年第 4 季度才会出现。点击主页下方操作区中“市场开拓”菜单，弹出“市场开拓”对话框（图 2-24）。勾选需要开拓的市场，点击“确认”即可。

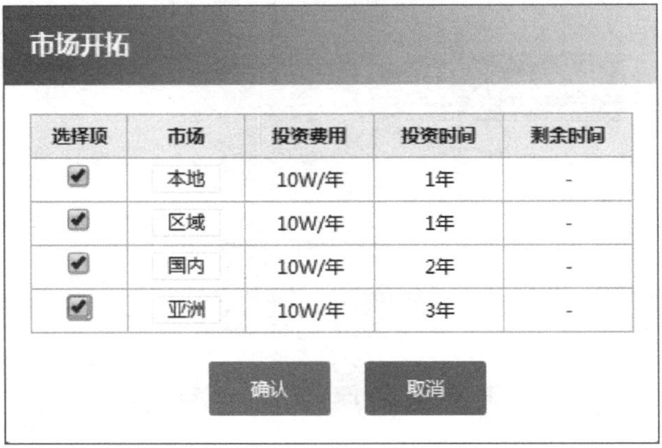

图 2-24 “市场开拓”对话框

说明：

企业模拟经营沙盘软件中的市场包括：本地市场、区域市场（含本地市场）、国内市场（含区域市场）、亚洲市场（含国内市场）和国际市场（含亚洲市场）。市场开拓是企业进入相应市场投放广告、选取产品订单的前提。市场开拓相关规则详见规则说明。市场开拓每年第 4 季度末可操作一次，中间可中断投资。

举例：

若规则规定本地市场、区域市场（含本地市场）、国内市场（含区域市场）、亚洲市场（含国内市场）和国际市场（含亚洲市场）的开拓期分别为 0、1、2、3、4 年，开拓费用均为每年 10 万元。企业从第 1 年年末开始开拓所有市场，且中间不中断投资，则：

第 1 年需支付 50 万元（各类市场各 10 万元）市场开拓费用，且当即完成本地市场的开拓，即在第 2 年年初的订货会上可对本地市场投放广告、选取订单。

第 2 年年末需支付 30 万元（国内市场、亚洲市场、国际市场各 10 万元）市场开拓费用，且完成区域市场和国内市场的开拓，即在第 3 年年初的订货会上可对本地市场、区域市场和国内市场投放广告、选取订单。

第 3 年年末需支付 20 万元（亚洲市场、国际市场各 10 万元）市场开拓费用，且完成亚洲市场的开拓，即在第 4 年年初的订货会上可对本地市场、区域市场、国内市场和亚洲市场投放广告、选取订单。

第 4 年年末需支付 10 万元（国际市场 10 万元）市场开拓费用，且完成国际市场的开拓，即在第 5 年年初的订货会上可对所有市场投放广告、选取订单。

（十七）当季（年）结束

该操作在每年 1～3 季度末显示“当季结束”，每年第 4 季度末显示“当年结束”。点击主页下方操作区中“当季结束”菜单或“当年结束”菜单，弹出“当季结束”（图 2-25）或“当年结束”对话框（图 2-26）。核对当季（年）结束需要支付或更新的事项，确认无误后，点击“确定”即可。

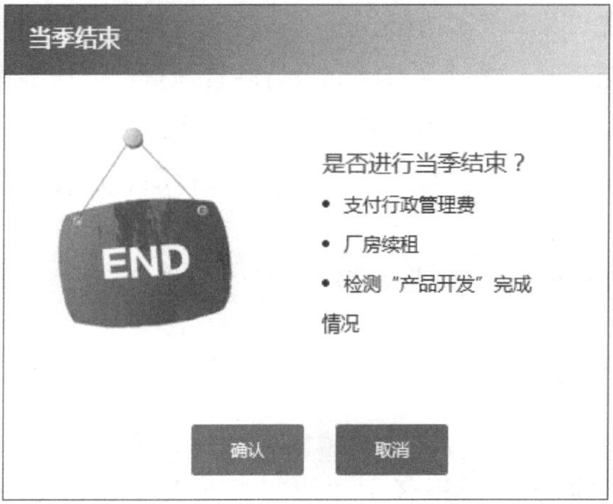

图 2-25　“当季结束”对话框

图 2-26 “当年结束”对话框

说明：

当季结束时，系统会自动支付行政管理费、厂房续租租金，检测“产品开发”完成情况。

当年结束时，系统会自动支付行政管理费、厂房续租租金，检测产品开发完成情况、检测新市场开拓完成情况、检测 ISO 资格认证投资完成情况、支付设备维修费、计提折旧、违约扣款。

四、企业年末运营实践

（一）填写报表

操作：

点击主页下方操作区中“填写报表”菜单，弹出“填写报表”对话框（图 2-27）。依次在综合费用表、利润表、资产负债表的编辑框内输入相应的数值，三张表填写过程中都可点击“保存”，暂时保存数据。点击“提交”，即提交结果，系统自动计算所填数值是否正确，并在教师端公告信息中显示判断结果。

图 2-27　填写报表

说明：

综合费用表反映的是企业期间费用的情况，具体包括：管理费、广告费、设备维护费、转产费、租金、市场准入开拓、ISO认证资格、产品研发费、信息费和其他。其中，信息费是指企业为查看竞争对手的财务信息而支付的费用，具体由规则确定。

利润表反映的是企业当期的盈利情况，具体包括：销售收入、直接成本、综合费用、折旧、财务费用、所得税等。其中，销售收入为当期按订单交货后取得的收入总额，直接成本为当期销售产品的总成本，综合费用根据“综合费用表”中的合计数填列，折旧为当期生产线折旧总额，财务费用为当期借款所产生的利息总额，所得税则是根据利润总额计算得出的。

此外，下列项目是由系统自动计算的，具体的计算公式如下：

销售毛利＝销售收入－直接成本

折旧前利润＝销售毛利－综合费用

支付利息前利润＝折旧前利润－折旧

税前利润＝支付利息前利润－财务费用

净利润＝税前利润－所得税

资产负债表反映的是企业当期的财务状况，具体包括：现金、应收账款、在产品、产成品、原材料等流动资产，土地建筑物、机器设备和在建工程等固定资产，长期负债、短期负债、特别贷款、应交税金等负债，以及股东资本、利润留存、年度净利润等所有者权益项目。其中，相关项目填列方法如下：

现金根据企业现金结存数填列。

应收账款根据应收账款余额填列。

在产品根据在产的产品成本填列。

产成品根据结存在库的完工产品总成本填列。

原材料根据结存在库的原材料总成本填列。

土地建筑物根据购入的厂房总价值填列。

机器设备根据企业拥有的已经建造完成的生产线的总净值填列。

在建工程根据企业拥有的在建的生产线的总价值填列。

长期负债根据长期借款余额填列。

短期负债根据短期借款余额填列。

特别贷款根据后台特别贷款总额填列（一般不会遇到）。

应交税金根据计算出的应缴纳的所得税金额填列。

股东资本根据企业收到的股东注资总额填列。

利润留存根据上年末企业的利润结存情况填列。

年度利润根据本年度的利润表中的净利润填列。

（二）投放广告

操作：

该操作在每年年初进行，点击主页下方操作区中“投放广告”菜单，弹出“投放广告”对话框（图 2-28），录入各市场广告费，点击“确认”即可。

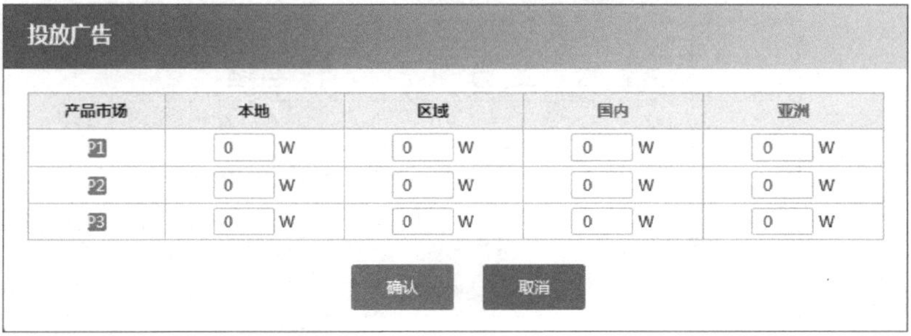

图 2-28　“投放广告”对话框

说明：

市场开拓完成，相应的市场显示为黑色字体，则可在该市场投放广告。若市场显示为红色字体，表明该市场尚未开拓完成，则不可在该市场投放广告。广告的投放要根据市场的竞争激烈程度、企业自身的产能布置、发展战略、竞争对手的广告投放策略等多方面因素综合考虑。所有小组均完成广告投放后，教师/裁判即可开启订货会。

五、流程外企业经营实践

（一）贴现

操作：

该操作随时可进行，点击主页下方操作区中“贴现”菜单，弹出“贴现”对话框（图 2-29）。显示可以贴现的应收账款金额，选好贴现期，在贴现额一列输入要贴现的金额。点击“确定”，系统会根据不同贴现期扣除不同贴现利息，并将贴现金额加入现金。

图 2-29 “贴现”对话框

说明：

贴现是指提前收回未到期的应收账款，因为该应收账款并非正常到期收回，所以贴现时需支付相应的贴现利息。贴现利息的计算公式：

$$贴现利息=贴现金额\times贴现率$$

贴现率由教师/裁判在系统参数中设定，相关规定详见规则说明。该操作一般在企业短期存在现金短缺问题，且无法通过成本更低的正常贷款取得现金流时才考虑使用。

举例：

若某企业账期为 1 期和 2 期的应收账款贴现率为 10%，账期为 3 期和 4 期的应收账款贴现率为 12.5%，现将账期为 2 期、金额为 10 万元的应收账款和账期为 3 期、金额为 20 万元的应收账款同时贴现，则：

贴现利息＝10 万元×10%＋20 万元×12.5%

＝3.5 万元≈4 万元

（规则规定贴现利息一律向上取整）

实收金额＝10＋20－4＝26 万元

即贴现后收到现金 26 万元。产生的贴现利息 4 万元作为财务费用入账。

（二）紧急采购

操作：

该操作随时可进行，点击主页下方操作区中"紧急采购"菜单，弹出"紧急采购"对话框（图 2-30）。显示当前企业的原料、现有库存以及价格，在订购量一列输入数值，点击"确认采购"即可。

图 2-30　"紧急采购"对话框

说明：

紧急采购是为了解决原料或产品临时短缺而出现的，企业原材料订购不足或产品未能按时生产出来，均可能造成产品订单不能按时交货，导致订单违约，不仅失去了该订单的收入，而且需要支付违约损失。为避免损失，企业可通过紧急采购少量的短缺原材料或产品，满足生产或交货的需要，使产品订单按时交货，取得相应的销售利润。紧急采购的价格一般比正常的采购价要高很多，具体数值由教师/裁判在参数设置中设定。操作时既可以紧急采购原材料，也可以紧急采购库存产品。

（三）出售库存

操作：

该操作随时可进行，点击主页下方操作区中“出售库存”菜单，弹出“出售库存”对话框（图 2-31）。显示当前企业的产品/原料、库存数量以及销售价格，在出售数量一列输入数值，点击“出售产品/原料”即可。

图 2-31 “出售库存”对话框

说明：

企业一般只有在资金极度短缺时才会考虑出售库存。出售的库存产品/原料一般会在成本的基础上打折销售，价格由教师/裁判在参数设置中设定。

（四）厂房贴现

操作：

该操作随时可进行，点击主页下方操作区中“厂房贴现”菜单，弹出“厂房贴现”对话框（图 2-32）。显示可以贴现的厂房信息，选择厂房后，点击“确认”即可。系统将根据厂房的出售价格进行贴现，如果有生产线则扣除该厂房的租金，以保证厂房继续经营。

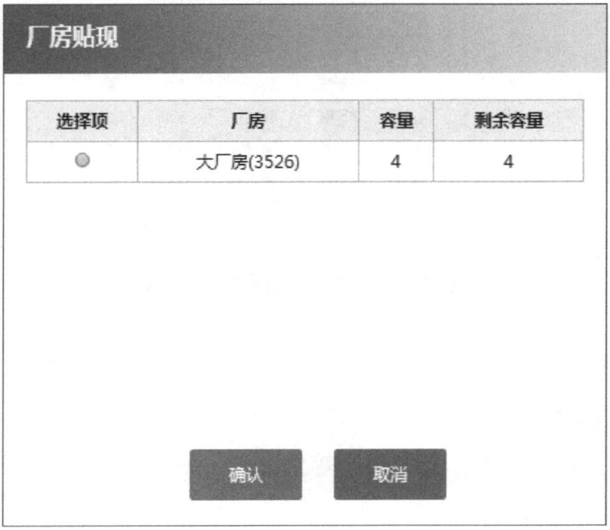

图 2-32　“厂房贴现”对话框

说明：

该操作实质上是将厂房卖出（买转租）产生的应收账款直接

贴现来取得现金。它与厂房处理中的卖出（买转租）的区别在于，卖出（买转租）操作时产生的应收账款并未直接贴现，而厂房贴现则直接将卖出（买转租）产生的应收账款同时贴现。

(五) 订单信息

操作：

此操作随时可进行，点击主页下方操作区中“订单信息”菜单，弹出“订单信息”对话框（图 2-33）。显示当前企业所有年份获得的订单，可以查询每条订单的数量、总价、状态等信息。

订单信息

订单编号	市场	产品	数量	总价	状态	得单年份	交货期	账期	ISO	交货时间
S211_06	本地	P1	4	201W	未到期	第2年	4季	1季	-	-
S211_07	本地	P1	4	179W	未到期	第2年	4季	0季	-	-
S211_03	本地	P1	4	208W	未到期	第2年	4季	3季	-	-
S211_05	本地	P1	1	53W	未到期	第2年	4季	3季	-	-
S211_01	本地	P1	4	208W	未到期	第2年	4季	1季	-	-
S211_04	本地	P1	2	96W	未到期	第2年	4季	2季	-	-
S211_10	本地	P1	2	96W	未到期	第2年	4季	2季	-	-

图 2-33 “订单信息”对话框

说明：

企业随时可点击“订单信息”菜单查阅所取得的订单情况，从而确定生产安排、交货安排等情况。

(六) 间谍

操作：

点击主页下方操作区中“间谍”菜单，弹出“间谍”对话框（图 2-34），点击“确认下载”即可。

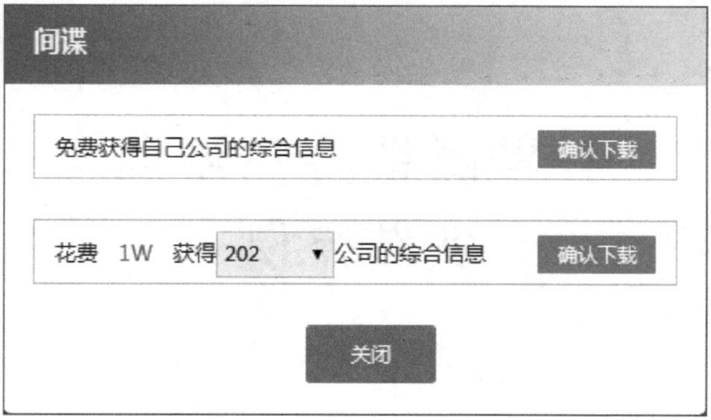

图 2-34 “间谍”对话框

说明：

“间谍”对话框中显示的信息分为自己公司的综合信息和其他公司的综合信息两种。自己公司信息可免费获得，并以 Excel 形式查阅和保存。若要查看其他公司的信息，则需要支付间谍费，该费用由教师/裁判在参数设置中设定，可以 Excel 形式查询其他企业的数据。

第三章

企业模拟经营沙盘实践案例

一、实践案例一：企业经营管理流程

（一）学时

课内学时：4 学时。

（二）项目目的与要求

通过新商战创业软件平台，以虚拟公司的形式完成第 1 年的沙盘推演，掌握企业经营流程。

（三）项目环境

新商战创业软件平台。

（四）项目内容

（1）企业经营管理流程梳理。

（2）第 1 年第 1 季度经营。

（3）第 1 年第 2 季度经营。

（4）第 1 年第 3 季度经营。

（5）第 1 年第 4 季度经营。

（五）项目实施

1. 企业经营管理流程（表 3-1）

表 3-1　企业经营管理流程

年度规划会议	
投放广告	
准备参加订货会	支付广告费
	支付所得税
	偿还长期贷款
	支付长期贷款利息
	更新长期贷款
参加订货会	
参加竞标	
制订新年度计划	
申请长期贷款	
当季开始	偿还短期贷款
	支付短期贷款利息
	更新短期贷款
	更新生产
	完工入库
	生产线完工
	转产完工
申请短期贷款	
更新原材料库	
订购原材料	
购租厂房	购买厂房
	租赁厂房

（续表）

新建生产线	
在建生产线	
生产线转产	
出售生产线	
开始生产	
应收账款更新	
按订单交货	
厂房处理	卖出（买转租）
	退租
	租转买
产品研发	
当季结束	支付行政管理费
	厂房续租
	检测产品开发完成情况
随时操作	贴现
	紧急采购
	出售库存
	厂房贴现
	订单信息
	间谍
市场开拓	
ISO 投资	
当年结束	支付行政管理费
	厂房续租
	检测产品开发完成情况

（续表）

当年结束	检测新市场开拓完成情况
	检测 ISO 资格认证投资完成情况
	支付设备维修费
	计提折旧
	违约扣款
填写报表	

2. 沙盘推演

按照企业经营流程，开始第 1 年经营，并进行沙盘推演。具体经营方案（仅供参考，可根据授课需要采用其他经营方案）概括如下：

年初长期贷款 304 万元，年限 5 年。

第 1 季度：租一个大厂房，更新 2 条 P1 柔性线，研发 P4。

第 2 季度：更新 2 条柔性线，更新 2 条 P1 自动线，继续研发 P4。

第 3 季度：更新 2 条自动线和 2 条柔性线，研发 P1，继续研发 P4。

第 4 季度：申请短期贷款 109 万元，更新 2 条自动线和 2 条柔性线，继续研发 P1 和 P4，开拓全部市场，开拓全部 ISO 认证资格。

（六）思考题

（1）生产制造型企业的经营流程有哪些重要环节？

（2）在企业模拟经营过程中，影响商业决策的因素有哪些？

（七）成果

企业经营管理流程表。

二、实践案例二：企业模拟经营规则

（一）学时

课内学时：4 学时。

（二）项目目的与要求

掌握新商战创业软件平台经营模拟规则。

（三）项目环境

新商战创业软件平台。

（四）项目内容

（1）规则介绍。

（2）练习年第 1 季度经营。

（3）练习年第 2 季度经营。

（4）练习年第 3 季度经营。

（5）练习年第 4 季度经营。

（五）项目实施

1. 配套订单

本规则配套教学的订单方案有 4 套，分为本科教学规则一（6～8 组）、本科教学规则二（8～10 组）、本科教学规则三（12～15 组）、本科教学规则四（18～20 组）。

2. 企业背景

市场环境：供需平衡需求偏紧。

材料种类：R1，R2，R3，R4。

产品种类：P1，P2，P3，P4。

生产线种类：超级手工线、自动线、柔性线、租赁线。

厂房种类：大厂房、中厂房、小厂房（购/租厂房数量上限为 4 个）。

市场种类：本地、区域、国内、亚洲、国际。

3. 教学分组

每组 5 名成员，分别担任总裁（CEO）、财务总监（CFO）、营销总监（CMO）、采购总监（CPO）、生产总监（PM）。

4. 运行方式

采用新道新商战沙盘系统 V5.0（以下简称“新商战 V5.0”）。

5. 企业经营流程

企业经营流程须按照表 3-1 中列示的流程严格执行。CEO 按照企业经营流程表中指示的顺序发布执行指令，每项任务完成后，CEO 须在对应的方格中打钩。每年经营结束后，每组须提交综合费用表、利润表和资产负债表。

6. 教学规则

(1) 生产线（表 3-2）

表 3-2　生产线

生产线	购置费/万元	每季投资额/万元	安装周期	生产周期	每年维修费/万元	残值/万元	转产周期	转产费/万元	分值
超级手工线	35	35	0	2 期	5	5	0	0	0 分
自动线	150	50	3 期	1 期	20	30	1 期	20	8 分
柔性线	200	50	4 期	1 期	20	40	无	0	10 分
租赁线	0	0	0	1 期	65	无	1 期	20	0 分

① 安装周期为 0，表示即买即用。

② 计算投资总额时，若安装周期为 0，则按 1 算。

③ 不论何时出售生产线，从生产线净值中取出与残值等价的部分计入现金，净值与残值之差计入损失。

④ 只有空闲的生产线可转产。

⑤ 当年建成的生产线需要支付维修费。

⑥ 折旧按平均年限法计提，建成当年不计提折旧。生产线折旧见表 3-3。

表 3-3 生产线折旧

生产线	购置费/万元	残值/万元	每年折旧费/万元	折旧时间	建成第 1 年/万元	建成第 2 年/万元	建成第 3 年/万元	建成第 4 年/万元	建成第 5 年/万元
超级手工线	35	5	10	3 年	0	10	10	10	0
自动线	150	30	30	4 年	0	30	30	30	30
柔性线	200	40	40	4 年	0	40	40	40	40

⑦ 当生产线净值等于残值时，不再计提折旧，但生产线可以继续使用。

（2）厂房（表 3-4）

表 3-4 厂房

厂房	购买价格/万元	年租金/万元	出售价格/万元	生产线容量	购买上限	分值
大厂房	400	40	400	4 条	4 个	10 分
中厂房	300	30	300	3 条	4 个	8 分
小厂房	180	18	180	2 条	4 个	7 分

① 租用或购买厂房可以在任何季度进行。如果决定租用或买转租厂房，租金在开始租用时支付。

② 租入厂房后，租赁期结束后方可进行租转买、退租等操

作。如果没有重新选择，系统将自动做续租处理，租金在当季结束时和“行政管理费”一并扣除。

③ 如需新建生产线，则厂房须有空闲空间。

④ 当厂房中没有生产线，才可以选择退租。

⑤ 厂房合计购/租数量上限为 4 个。

⑥ 已购厂房随时可以按原值出售（如有租金，须付清后方可出售），获得账期为 4 期的应收款，紧急情况下可进行厂房贴现，直接得到现金。

（3）融资（表 3-5）

表 3-5 融资

<table>
<tr><th>贷款类型</th><th>贷款时间</th><th>贷款额度</th><th>年利率</th><th>还款方式</th><th>备注</th></tr>
<tr><td>长期贷款</td><td>每年年初</td><td rowspan="2">所有长期贷款和短期贷款之和上限为上年末企业所有者权益的 3 倍</td><td>10%</td><td>年初付息，到期一次还本</td><td rowspan="2">不低于 10 万元</td></tr>
<tr><td>短期贷款</td><td>每季季初</td><td>5%</td><td>到期一次还本付息</td></tr>
<tr><td>资金贴现</td><td>随时</td><td>视应收账款金额决定</td><td>10%
（1 季，2 季）
12.5%
（3 季，4 季）</td><td>变现时贴息</td><td>贴现各账期分开核算，分开计息</td></tr>
<tr><td>库存拍卖</td><td colspan="5">原材料 8 折（向下取整），成品按成本价</td></tr>
</table>

① 长期贷款的年限为 1～5 年，短期贷款的期限为 4 个季度（1 年）。

② 长期贷款借入当年不付息，从第 2 年年初开始，每年按年利率支付利息，到期还本时，支付最后一年利息。

③ 短期贷款到期时，一次性还本付息。

④ 长期贷款和短期贷款均不可提前还款。

⑤ 如与参数有冲突，以参数为准。

（4）市场开拓（表 3-6）

表 3-6 市场开拓

市场	开拓费用	时间	分值
本地	10 万元/年×1 年=10 万元	1 年	7 分
区域	10 万元/年×1 年=10 万元	1 年	7 分
国内	10 万元/年×2 年=20 万元	2 年	8 分
亚洲	10 万元/年×3 年=30 万元	3 年	9 分
国际	10 万元/年×4 年=40 万元	4 年	10 分

① 开拓费用在开发当年年末支付，开拓不允许加速，但可以中断。

② 市场开拓完成后，领取相应的市场准入证。

（5）ISO 投资（表 3-7）

表 3-7 ISO 投资

市场	投资费用	时间	分值
ISO9000	10 万元/年×2 年=20 万元	2 年	8 分
ISO14000	20 万元/年×2 年=40 万元	2 年	10 分

① 投资费用在年末支付，投资不允许加速，但可以中断。

② 投资完成后，领取相应的资格证。

（6）产品研发（表 3-8）

表 3-8　产品研发

名称	研发费用	研发周期	加工费	直接成本	产品组成	分值
P1	10 万元/季×2 季＝20 万元	2 季	10 万元/个	20 万元/个	R1	7 分
P2	10 万元/季×3 季＝30 万元	3 季	10 万元/个	30 万元/个	R2＋R3	8 分
P3	10 万元/季×4 季＝40 万元	4 季	10 万元/个	40 万元/个	R1＋R3＋R4	9 分
P4	10 万元/季×5 季＝50 万元	5 季	10 万元/个	50 万元/个	P1＋R1＋R3	10 分

研发费用在季末支付，研发不允许加速，但可以中断。

（7）订购原材料（表 3-9）

表 3-9　订购原材料

名称	购买价格	提前期
R1	10 万元/个	1 季
R2	10 万元/个	1 季
R3	10 万元/个	2 季
R4	10 万元/个	2 季

（8）紧急采购

① 付款即到货，可马上投入生产或销售，原材料价格为直接成本的 2 倍，成品价格为直接成本的 3 倍。即：紧急采购 R1 或 R2，每个原材料单价为 20 万元（10 万元×2），紧急采购 P1 单价为 60 万元（20 万元×3），紧急采购 P2 单价为 90 万元（30 万元×3）。

② 紧急采购原材料和产品时，直接扣除现金。填写报表时，成本仍然按照标准成本填写，因紧急采购而多支付的成本计入费用表中的“损失”栏。

③ 如与参数冲突，以参数为准。

(9) 选单规则

以当年本市场本产品广告额投放大小顺序依次选单，广告额不得低于 10 万元。如果两组本市场本产品广告额相同，则比较当年本市场广告投放总额；如果当年本市场广告总额也相同，则比较上年该市场销售排名；如仍相同，先投广告者先选单。

注意：

① 必须在倒计时大于 5 秒时选单，出现确认框时，在 3 秒内按下确认按钮，否则可能出现选单无效的情况。

② 每组每轮只能先选择 1 张订单，若所有投放广告组完成第一轮选单后还有订单，该市场该产品广告额大于等于 30 万元的组将获得第二轮选单机会，选单顺序和第一轮相同；第二轮选单完成后，该市场该产品广告额大于等于 50 万元的组将获得第三轮选单机会，选单顺序和第一轮相同；以此类推。

③ 在某细分市场（如本地、P1）有多次选单机会，只要放弃一次，则视同放弃该细分市场所有选单机会。

④ 选单出现意外时，应立即告知教师，教师会暂停倒计时。

⑤ 第 1 年无订单。

⑥ 交单可提前，不可推后，如违约则收回订单。

(10) 取整规则

① 违约金扣除：四舍五入。

② 出售库存所得现金：向下取整。

③ 贴现费用：向上取整。

④ 长期贷款和短期贷款的利息：四舍五入。

⑤ 税金：四舍五入。

(11) 损失

库存折价拍卖、生产线变卖、紧急采购、订单违约均计入损失。

（12）重要参数（表 3-10）

表 3-10　重要参数

项目	参数	项目	参数
违约金比例	20.00%	贷款额倍数	3 倍
产品折价率	100.00%	原材料折价率	80.00%
长期贷款利率	10.00%	短期贷款利率	5.00%
1、2 期贴现率	10.00%	3，4 期贴现率	12.50%
初始现金	600 万元	管理费	10 万元
信息费	1 万元	所得税税率	25.00%
最大长期贷款年限	5 年	最小取得订单广告额	10 万元
原材料紧急采购倍数	2 倍	产品紧急采购倍数	3 倍
选单时间	120 秒	首位选单补时	30 秒
市场同开数量	1	市场老大	无
竞单时间	90 秒	竞单同竞数	3
最大厂房数量	4 个		

注意：每个市场每个产品选单时，第一组选单时间为 150 秒，自第二组起，选单时间设为 120 秒。

（13）破产处理

当某组权益为负（指当年结束系统生成资产负债表时为负）或现金断流（即现金为负数，但权益和现金之和可以为零）时，则企业破产。

破产后，教师/裁判可通过注资等方式使其继续参与模拟经营实训。

（14）教学排名

教学结果以参加教学各组的第 6 年结束后的最终总成绩进行评判，得分高者优胜。

如果总成绩相等，则比较第 6 年净利润，净利润高者排名靠前；如果第 6 年净利润相等，则先完成第 6 年经营的组排名在前。

$$\text{总成绩}=\text{所有者权益}\times\frac{1+\text{企业综合发展潜力}}{100}$$

$$\begin{aligned}\text{企业综合发展潜力}=&\text{市场资格分值}+\text{ISO 资格分值}+\\&\text{生产资格分值}+\text{厂房分值}+\\&\text{各条生产线分值}\end{aligned}$$

生产线建成（包括转产）即加分，无须生产出产品，也无须有在产品；厂房的订购方式必须为买。

（15）关于巡盘

教学过程中每个经营年结束之后，由教师/裁判统一发令，可观看其他组的盘面。内容包括：生产线（含在制品）、生产线净值、在建工程、现金、应收账款（包括金额与账期）、原材料库存、产成品库存、各种资质、买厂房、原材料订单、各类费用。不得向其他组询问上述信息之外的其他信息。巡盘期间至少留一人在本组。

7. 进行市场分析

市场预测见表 3-11—表 3-13，制定练习年经营方案。

表 3-11 市场预测表——均价 单位：万元

序号	年份	产品	本地	区域	国内	亚洲	国际
1	第 2 年	P1	52.35	51.97	0	0	0
2	第 2 年	P2	70.94	70.48	0	0	0
3	第 2 年	P3	86.95	87.21	0	0	0
4	第 2 年	P4	129.53	129.43	0	0	0
5	第 3 年	P1	51.96	51.65	49.48	0	0
6	第 3 年	P2	70.39	70.47	68.96	0	0

（续表）

序号	年份	产品	本地	区域	国内	亚洲	国际
7	第 3 年	P3	82.59	80.68	0	0	0
8	第 3 年	P4	129.56	131.21	131.41	0	0
9	第 4 年	P1	50.62	50.75	49.37	0	0
10	第 4 年	P2	70.86	71.31	70.84	72.59	0
11	第 4 年	P3	90.14	90.31	0	90.57	0
12	第 4 年	P4	135.44	134	134.48	0	0
13	第 5 年	P1	52.72	52.69	52.32	0	0
14	第 5 年	P2	68.61	68.7	69.08	71.38	0
15	第 5 年	P3	81.54	80.52	0	82	89.47
16	第 5 年	P4	130	129.29	127.58	0	135.63
17	第 6 年	P1	52.18	51.53	51.53	0	0
18	第 6 年	P2	70.88	0	68.68	70.79	0
19	第 6 年	P3	87.59	86.22	0	86.21	91.76
20	第 6 年	P4	128.78	127.79	128.15	0	133.71

表 3-12　市场预测表——需求量

序号	年份	产品	本地	区域	国内	亚洲	国际
1	第 2 年	P1	49	35	0	0	0
2	第 2 年	P2	32	31	0	0	0
3	第 2 年	P3	22	19	0	0	0
4	第 2 年	P4	17	14	0	0	0
5	第 3 年	P1	45	40	48	0	0
6	第 3 年	P2	33	32	27	0	0

（续表）

序号	年份	产品	本地	区域	国内	亚洲	国际
7	第 3 年	P3	22	19	0	0	0
8	第 3 年	P4	16	19	22	0	0
9	第 4 年	P1	42	40	43	0	0
10	第 4 年	P2	29	29	32	22	0
11	第 4 年	P3	22	16	0	35	0
12	第 4 年	P4	16	17	23	0	0
13	第 5 年	P1	40	42	37	0	0
14	第 5 年	P2	23	27	24	21	0
15	第 5 年	P3	24	21	0	21	17
16	第 5 年	P4	18	17	19	0	19
17	第 6 年	P1	39	34	34	0	0
18	第 6 年	P2	26	0	28	19	0
19	第 6 年	P3	17	23	0	29	17
20	第 6 年	P4	23	19	20	0	14

表 3-13　市场预测表——订单数量

序号	年份	产品	本地	区域	国内	亚洲	国际
1	第 2 年	P1	11	9	0	0	0
2	第 2 年	P2	10	9	0	0	0
3	第 2 年	P3	7	7	0	0	0
4	第 2 年	P4	7	6	0	0	0
5	第 3 年	P1	11	10	12	0	0
6	第 3 年	P2	10	9	9	0	0

（续表）

序号	年份	产品	本地	区域	国内	亚洲	国际
7	第3年	P3	7	6	0	0	0
8	第3年	P4	7	6	8	0	0
9	第4年	P1	10	9	9	0	0
10	第4年	P2	10	9	9	7	0
11	第4年	P3	8	6	0	9	0
12	第4年	P4	6	6	7	0	0
13	第5年	P1	10	9	8	0	0
14	第5年	P2	9	8	7	6	0
15	第5年	P3	8	7	0	8	6
16	第5年	P4	7	6	7	0	6
17	第6年	P1	9	8	7	0	0
18	第6年	P2	8	0	9	7	0
19	第6年	P3	7	8	0	9	7
20	第6年	P4	7	6	7	0	4

方案：可参考其他项目的经营方案，也可根据市场分析自行设计方案。

8. 练习年经营

以小组为单位构成虚拟企业，完成练习年经营。

（六）思考题

（1）新商战创业软件平台模拟经营规则的重要参数有哪些？

（2）生产线折旧如何计算？

（3）应收账款贴现的注意事项有哪些？

（七）成果

企业经营状态下由系统自动生成的企业经营过程记录表。

三、实践案例三：企业经营过程记录表的填写方法

（一）学时

课内学时：4 学时。

（二）项目目的与要求

（1）理解各类报表在企业经营过程中的重要作用。

（2）掌握现金流量表、综合管理费用明细表、利润表、资产负债表、应收账款/贴现信息表、广告投放信息表、订单登记表、生产采购计划表、生产线信息表、紧急采购信息表、出售库存信息表等的计算方法。

（三）项目环境

新商战创业软件平台。

（四）项目内容

（1）企业经营过程记录表的填写方法。

（2）练习年第 1 季度经营，报表推算和填写。

（3）练习年第 2 季度经营，报表推算和填写。

（4）练习年第 3 季度经营，报表推算和填写。

（5）练习年第 4 季度经营，报表推算和填写。

（五）项目实施

1. 综合管理费用明细表的填写方法（表 3-14）

表 3-14　综合管理费用明细表　　单位：万元

项　目	金　额	备　　注
管理费	40	
广告费	0	
设备维护费	0	

（续表）

项 目	金 额	备 注
转产费	0	
租 金	40	
市场准入开拓	50	□本地 □区域 □国内 □亚洲 □国际
ISO资格认证	30	□ISO9000 □ISO14000
产品研发费	60	P1（ ） P2（ ） P3（ ） P4（ ）
信息费	0	
其 他	0	
合 计	220	

综合管理费用＝管理费＋广告费＋设备维护费＋转产费＋租金＋市场准入开拓＋ISO资格认证＋产品研发＋信息费＋其他

（1）管理费：固定每季10万元，每年40万元。

（2）广告费：广告投放总额。

（3）设备维护费：自动线和柔性线每条20万元，超级手工线每条5万元，租赁生产线每条65万元，从建成年开始每年扣除。

（4）转产费：自动线和租赁线转产每条20万元。

（5）租金：厂房租金。

（6）市场准入开拓：市场开拓费用。

（7）ISO资格认证：ISO认证费用。

（8）产品研发费：研发总费用。

（9）信息费：下载其他队信息的间谍费用。

（10）其他：各类损失合计。

损失＝出售生产线损失＋紧急采购损失＋出售原材料损失＋退租赁线损失＋订单违约损失

2. 利润表的填写方法（表 3-15）

表 3-15 利润表 单位：万元

项 目	上年数（略）	本年数
销售收入		0
直接成本		0
毛利		0
综合管理费用		220
折旧前利润		－220
折旧		0
支付利息前利润		－220
财务费用		0
税前利润		－220
所得税		0
净利润		－220

（1）销售收入：当年已交货订单销售总额。

（2）直接成本：当年卖出货物总成本。

（3）毛利＝销售收入－直接成本

（4）综合管理费用＝综合费用总额

（5）折旧前利润＝毛利－综合管理费用

（6）折旧＝柔性线每条 40 万元（新建成当年不折旧，折旧年限 4 年）＋自动线每条 30 万元（新建成当年不折旧，折旧年限 4 年）＋手工线每条 10 万元（新建成当年不折旧，折旧年限 3 年）

年末只针对账面存在的生产线计算折旧，已出售的生产线不计算折旧。

（7）支付利息前利润＝折旧前利润－折旧

（8）财务费用＝本年长期贷款利息＋短期贷款利息＋贴息

（9）税前利润＝支付利息前利润－财务费用

（10）所得税＝资产负债表中“应交税金”数值。

（11）净利润＝税前利润－所得税

3. 资产负债表的填写方法（表 3-16）

表 3-16　资产负债表　　单位：万元

资　产	上年数（略）	本年数	负债和所有者权益	上年数（略）	本年数
流动资产：			负债：		
现金		93	长期负债		304
应收账款		0	短期负债		109
在产品		0	特别贷款		0
产成品		0	应交税金		0
原材料		0			
流动资产合计		93	负债合计		413
固定资产：			所有者权益：		
土地和建筑		0	股东资本		600
机器与设备		0	利润留存		0
在建工程		700	年度净利润		－220
固定资产合计		700	所有者权益合计		380
资产总计		793	负债和所有者权益总计		793

（1）现金：年末现金额。

（2）应收账款：应收账款总额。

（3）在产品：当前线上产品总成本。

（4）产成品：库存产品总成本。

（5）原材料：库存所剩原材料总成本。

（6）流动资产合计＝现金＋应收账款＋在产品＋产成品＋原材料

（7）土地和建筑：按购买厂房的价值计，无购买厂房为0。

（8）机器与设备：当前所有生产线价值总和。

（9）在建工程＝当年所建工程总额（已投入使用的不计）。

（10）固定资产合计＝土地和建筑＋机器与设备＋在建工程

（11）长期负债：长期贷款总额。

（12）短期负债：短期贷款总额。

（13）应交税金：在沙盘模拟中这是一个综合概念，一般可以理解为模拟的企业经营盈利部分所要交的税费。交税需要满足以下两个条件：

① 经营当年盈利（税前利润为正）；

② 连续弥补了前面至多5年亏损后，仍盈利。

下面以利润表为例说明（表3-17）。

表3-17 所得税计算表1 单位：万元

年份	第1年	第2年	第3年	第4年	第5年	第6年
税前利润	－10	50	－20	－30	40	130
所得税	0	10	0	0	0	30
年度净利润	－10	40	－20	－30	40	100

根据表3-17，第1年亏损，所得税为0；第2年盈利50万元，弥补了第1年亏损后盈利40万元，税率为25%，则所得税为10万元；第3、4年亏损，所得税为0；第5年盈利，但不足以弥补第3、4年的亏损，故所得税仍为0。需要注意的是，第1年虽然亏损，但第2年已经弥补，所以第5年不需要再次弥补第1年的亏损。第6年盈利，需要与未交税的第3、4、5年合并计算应纳税所得额，为（－20）＋（－30）＋40＋130＝120万

元，按25%税率，故所得税为30万元。

总之，从当年开始，当年税前利润与前面连续无所得税年份（最多5年）的税前利润累加，得到应纳税所得额，若大于0，则应交所得税。

系统中只取整数，对小数的处理以两个例子说明（表3-18、表3-19）。

表3-18　所得税计算表2　　单位：万元

年度	第1年	第2年	第3年	第4年
税前利润	—160	50	111	5
所得税	0	0	0	2
年度净利润	—160	50	111	3

根据表3-18，第3年累计税前利润为1万元，应纳税所得额为1万元，按25%税率，所得税为0.25万元，四舍五入，故当年不交所得税。由于第3年没有交所得税，则当年应纳税所得额1万元要累计到下年，第4年税前利润为5万元，则应纳税所得额为6万元，按25%税率，四舍五入，所得税为2万元。

表3-19　所得税计算表3　　单位：万元

年度	第1年	第2年	第3年	第4年
税前利润	—160	50	115	5
所得税	0	0	1	1
年度净利润	—160	50	114	4

根据表3-19，第3年累计税前利润为5万元，应纳税所得额为5万元，按25%税率，所得税为1.25万元，四舍五入后为1万元。第4年税前利润为5万元，应纳税所得额为5万元，按

25%税率，四舍五入，所得税仍为1万元。

从以上两个例子看出，即使有小数，还是符合以下原则：从当年开始，当年税前利润与前面连续无所得税年份（最多5年）的税前利润累加，得到应纳税所得额，若大于0，则应交所得税。

(14) 负债合计＝长期贷款＋短期贷款＋所得税。

(15) 股东资本：600万元。

(16) 利润留存＝上年净利润＋上年利润留存。

(17) 年度净利：净利润。

(18) 所有者权益合计＝股东资本＋利润留存＋年度净利。

(19) 负债和所有者权益总计＝负债＋所有者权益。

按照经营计划，进行练习年现金流量表的推算，根据推演结果进行练习年经营，并完成相应表格的填写

经营方案：可参考其他项目的经营方案，也可根据市场分析自行设计方案。

(六) 思考题

(1) 综合管理费用明细表的构成有哪些？

(2) 利润表中的各项如何计算？

(3) 资产如何计算？

(4) 负债和所有者权益如何计算？

(5) 所得税如何计算？

(七) 成果

企业经营状态下手工填写的企业经营过程记录表。

四、实践案例四：企业模拟经营第1年

(一) 学时

课内学时：4学时。

（二）项目目的与要求

通过新商战创业软件平台完成企业第 1 年模拟经营，准确填写相关报表，体会企业模拟经营总体规划的制订思路。

（三）项目环境

新商战创业软件平台。

（四）项目内容

（1）制订企业模拟经营总体规划。

（2）完成企业模拟经营第 1 年的工作。

（3）总结企业模拟经营第 1 年的结果。

（五）项目步骤

1. 制订企业模拟经营总体规划

通过对市场预测数据的分析，结合本组实际情况，制订本企业未来 6 年的总体规划。

2. 完成企业模拟经营第 1 年的工作

（1）依据总体规划制订第 1 年经营计划。

（2）制作第 1 年经营的相关报表。

（3）完成第 1 年经营的软件平台操作。

（4）完成第 1 年间谍工作。

3. 总结企业模拟经营第 1 年的经营结果

在各组完成企业模拟经营第 1 年经营工作后，针对各组的总体规划进行点评。

（六）思考题

如何综合考虑市场预测信息及竞争对手信息，制订合理的企业模拟经营总体规划？

（七）成果

企业经营过程记录表（第 1 年）。

五、实践案例五：企业模拟经营第 2 年

（一）学时

课内学时：4 学时。

（二）项目目的与要求

通过新商战创业软件平台完成企业第 2 年模拟经营，准确填写相关报表，体会依据市场环境调整企业规划的决策思路。

（三）项目环境

新商战创业软件平台。

（四）项目内容

（1）依据第 1 年间谍结果，调整企业模拟经营总体规划。

（2）完成企业模拟经营第 2 年的工作。

（3）总结企业模拟经营第 2 年的结果。

（五）项目步骤

1. 制订企业模拟经营总体规划

通过对第 1 年间谍信息的分析，结合本组实际情况，调整企业模拟经营总体规划。

2. 完成企业模拟经营第 2 年的工作

（1）依据总体规划，制订第 2 年经营计划。

（2）制作第 2 年经营的相关报表。

（3）完成第 2 年经营的软件平台操作。

（4）完成第 2 年间谍工作。

3. 总结企业模拟经营第 2 年的经营结果

在各组完成企业模拟经营第 2 年经营工作后，针对各组的总体规划进行点评。

（六）思考题

如何依据市场环境及时调整企业模拟经营规划？

（七）成果

企业经营过程记录表（第 2 年）。

六、实践案例六：企业模拟经营第 3 年

（一）学时

课内学时：4 学时。

（二）项目目的与要求

通过新商战创业软件平台完成企业第 3 年模拟经营，准确填写相关报表，体会竞单与选单的合理计划。

（三）项目环境

新商战创业软件平台。

（四）项目内容

（1）依据第 2 年间谍结果，调整企业模拟经营总体规划。

（2）完成企业模拟经营第 3 年的工作。

（3）总结企业模拟经营第 3 年的结果。

（五）项目步骤

1. 制订企业模拟经营总体规划

通过对第 2 年间谍信息的分析，结合本组实际情况，调整企业模拟经营总体规划。

2. 完成企业模拟经营第 3 年的工作

（1）依据总体规划，制订第 3 年经营计划。

（2）制作第 3 年经营的相关报表。

（3）完成第 3 年经营的软件平台操作。

（4）完成第 3 年间谍工作。

3. 总结企业模拟经营第 3 年的经营结果

在各组完成企业模拟经营第 3 年经营工作后，针对各组的总体规划进行点评。

（六）思考题

如何综合考虑市场预测中的选单与竞单信息，合理制定广告方案？

（七）成果

企业经营过程记录表（第 3 年）。

七、实践案例七：企业模拟经营第 4 年

（一）学时

课内学时：4 学时。

（二）项目目的与要求

通过新商战创业软件平台完成企业第 4 年模拟经营，准确填写相关报表，体会合理安排厂房租转买及生产线建设的决策思路。

（三）项目环境

新商战创业软件平台。

（四）项目内容

（1）依据第 3 年间谍结果，调整企业模拟经营总体规划。

（2）完成企业模拟经营第 4 年的工作。

（3）总结企业模拟经营第 4 年的结果。

（五）项目步骤

1. 制订企业模拟经营总体规划

通过对第 3 年间谍信息的分析，结合本组实际情况，调整企业模拟经营总体规划。

2. 完成企业模拟经营第 4 年的工作

(1) 依据总体规划，制订第 4 年经营计划。

(2) 制作第 4 年经营的相关报表。

(3) 完成第 4 年经营的软件平台操作。

(4) 完成第 4 年间谍工作。

3. 总结企业模拟经营第 4 年的经营结果

在各组完成企业模拟经营第 4 年经营工作后，针对各组的总体规划进行点评。

(六) 思考题

在所有者权益获得一定提升的情况下，如何合理安排厂房租转买及生产线建设?

(七) 成果

企业经营过程记录表（第 4 年）。

八、实践案例八：企业模拟经营第 5 年

(一) 学时

课内学时：4 学时。

(二) 项目目的与要求

通过新商战创业软件平台完成企业第 5 年模拟经营，准确填写相关报表，体会长期贷款和短期贷款合理组合方案的制定思路。

(三) 项目环境

新商战创业软件平台。

(四) 项目内容

(1) 依据第 4 年间谍结果，调整企业模拟经营总体规划。

(2) 完成企业模拟经营第 5 年的工作。

(3) 总结企业模拟经营第 5 年的结果。

(五) 项目步骤

1. 制订企业模拟经营总体规划

通过对第 4 年间谍信息的分析，结合本组实际情况，调整企业模拟经营总体规划。

2. 完成企业模拟经营第 5 年的工作

(1) 依据总体规划，制订第 5 年经营计划。

(2) 制作第 5 年经营的相关报表。

(3) 完成第 5 年经营的软件平台操作。

(4) 完成第 5 年间谍工作。

3. 总结企业模拟经营第 5 年的经营结果

在各组完成企业模拟经营第 5 年经营工作后，针对各组的总体规划进行点评。

(六) 思考题

如何综合考虑企业财务状况，合理制定长期贷款和短期贷款组合方案?

(七) 成果

企业经营过程记录表（第 5 年)。

九、实践案例九：企业模拟经营第 6 年

(一) 学时

课内学时：4 学时。

(二) 项目目的与要求

通过新商战创业软件平台完成企业第 6 年模拟经营，准确填写相关报表，回顾和总结企业模拟经营实践过程中的经验教训。

（三）项目环境

新商战创业软件平台。

（四）项目内容

（1）依据第 5 年间课结果，调整企业模拟经营总体规划。

（2）完成企业模拟经营第 6 年的工作。

（3）总结企业模拟经营第 6 年的结果。

（五）项目步骤

1. 制订企业模拟经营总体规划

通过对第 5 年间课信息的分析，结合本组实际情况，调整企业模拟经营总体规划。

2. 完成企业模拟经营第 6 年的工作

（1）依据总体规划，制订第 6 年经营计划。

（2）制作第 6 年经营的相关报表。

（3）完成第 6 年经营的软件平台操作。

（4）完成第 6 年间课工作。

3. 总结企业模拟经营第 6 年的经营结果

在各组完成企业模拟经营第 6 年经营工作后，针对各组的总体规划进行点评。

（六）思考题

回顾和总结企业模拟经营实践过程中的经验教训。

（七）成果

企业经营过程记录表（第 6 年）。

十、实践案例评价与总结

（一）学时

课内学时：4 学时。

（二）项目目的与要求

通过对各组 6 年的模拟经营过程的总结和点评，帮助学生综合目前所学专业基础知识，认知企业经营过程，掌握制定企业战略、市场预测与营销策略、设备投资、生产运作与计划、资金预算计划、需求采购规划、财务核算等模块的方法。使学生了解企业整个经营管理过程，并能洞悉企业成功的关键要素，帮助学生学习提升企业的经营决策水平。通过团队协作，增强团队精神，提高学生企业经营管理的素质和能力，增强专业知识的实用性。

（三）项目环境

新商战创业软件平台。

（四）项目内容

（1）各组 6 年企业模拟经营结果的比对分析。

（2）各组 6 年企业模拟经营过程的比对分析。

（3）各组 6 年企业模拟经营报表的比对分析。

（4）企业模拟经营技术及策略总结。

（五）项目步骤

1. 各组 6 年企业模拟经营结果的比对分析

依据各组 6 年企业模拟经营后的所有者权益和发展潜力系数，比对各组的模拟经营结果。

2. 各组 6 年企业模拟经营过程的比对分析

对各组 6 年企业模拟经营过程进行比对分析，点评各组在面对相同竞争环境下在企业经营规划调整能力上的差异。

3. 各组 6 年企业模拟经营报表的比对分析

对各组 6 年企业模拟经营报表进行比对分析，点评各组在专业基础知识应用能力上的差异。

4. 企业模拟经营技术及策略的总结

各组发言，讨论如何更好地制订和调整企业模拟经营规划。

（六）思考题

如何才能更好地将专业基础知识有效地应用在企业经营管理中？

（七）成果

项目报告。

第四章

企业经营过程记录表

例表类型一：

起 始 年

企业经营流程 请按顺序执行下列各项操作	每执行完一项操作，CEO在相应的方格内打勾 CFO（助理）在方格中填写现金收支情况			
年度规划会议				
参加订货会/登记销售订单				
制订新年度计划				
支付税金				
季初现金盘点（填写余额）				
更新短期贷款/还本付息/申请短期贷款（高利贷）				
更新应付账款/归还应付账款				
原材料入库/更新原材料订单				
订购原材料				
更新生产/完工入库				
新建生产线/出售生产线/生产线转产				
向其他企业购买原材料/出售原材料				

（续表）

开始下一批生产				
更新应收账款/应收账款收现				
出售厂房				
向其他企业购买成品/出售成品				
按订单交货				
产品研发投资				
支付行政管理费				
其他现金收支情况登记				
支付利息/更新长期贷款/申请长期贷款				
支付设备维护费				
支付租金/购买厂房				
计提折旧				
市场开拓/ISO 投资				
结账				
现金收入合计				
现金支出合计				
期末现金对账（填写余额）				

订单登记表

订单编号	市场	产品	数量	账期	销售额	成本	毛利	未售

（续表）

订单编号	市场	产品	数量	账期	销售额	成本	毛利	未售
合计								

产品核算统计表

项目	数量	销售额/万元	成本/万元	毛利/万元
P1				
P2				
P3				
P4				
合计				

综合管理费用明细表 单位：万元

项　目	金　额	备　注
管理费		
广告费		
保养费		
租　金		

（续表）

项　目	金　额	备　注
转产费		
市场准入开拓		□区域　□国内　□亚洲　□国际
ISO 资格认证		□ISO9000　□ISO14000
产品研发		P1（　　）　P2（　　） P3（　　）　P4（　　）
其　他		
合　计		

利　润　表　　单位：万元

项　目	上年数	本年数
销售收入	35	
直接成本	12	
毛利	23	
综合管理费用	11	
折旧前利润	12	
折旧	4	
支付利息前利润	8	
财务收入/支出	4	
其他收入/支出		
税前利润	4	
所得税	1	
净利润	3	

资产负债表 单位：万元

资　产	期初数	期末数	负债和所有者权益	期初数	期末数
流动资产：			负债：		
现金	20		长期负债	40	
应收账款	15		短期负债		
在产品	8		应付账款		
产成品	6		应交税金	1	
原材料	3		一年内到期的长期负债		
流动资产合计	52		负债合计	41	
固定资产：			所有者权益：		
土地和建筑	40		股东资本	50	
机器与设备	13		利润留存	11	
在建工程			年度净利润	3	
固定资产合计	53		所有者权益合计	64	
资产总计	105		负债和所有者权益总计	105	

第 1 年

企业经营流程 请按顺序执行下列各项操作	每执行完一项操作，CEO 在相应的方格内打勾 CFO（助理）在方格中填写现金收支情况			
年度规划会议				
参加订货会/登记销售订单				
制订新年度计划				
支付税金				

（续表）

季初现金盘点（填写余额）				
更新短期贷款/还本付息/申请短期贷款（高利贷）				
更新应付账款/归还应付账款				
原材料入库/更新原材料订单				
订购原材料				
更新生产/完工入库				
新建生产线/出售生产线/生产线转产				
向其他企业购买原材料/出售原材料				
开始下一批生产				
更新应收账款/应收账款收现				
出售厂房				
向其他企业购买成品/出售成品				
按订单交货				
产品研发投资				
支付行政管理费				
其他现金收支情况登记				
支付利息/更新长期贷款/申请长期贷款				
支付设备维护费				
支付租金/购买厂房				
计提折旧				
市场开拓/ISO 投资				
结账				

（续表）

现金收入合计				
现金支出合计				
期末现金对账（填写余额）				

现金预算表 单位：万元

项目	1	2	3	4
期初库存现金				
支付上年应交税金				
市场广告投入				
贴现费用				
利息（短期贷款）				
支付到期短期贷款				
原材料采购				
转产费用				
生产线投资				
工人工资				
产品研发投资				
收到现金前的所有支出				
应收账款到期				
支付管理费用				
利息（长期贷款）				
支付到期长期贷款				
设备维护费用				

（续表）

项目	1	2	3	4
租金				
购买新建筑				
市场开拓				
ISO 投资				
其他				
库存现金余额				

要点记录

第 1 季度：________________

第 2 季度：________________

第 3 季度：________________

第 4 季度：________________

年度小结：________________

____

订单登记表

订单编号	市场	产品	数量	账期	销售额	成本	毛利	未售

(续表)

订单编号	市场	产品	数量	账期	销售额	成本	毛利	未售
合计								

产品核算统计表

项目	数量	销售额/万元	成本/万元	毛利/万元
P1				
P2				
P3				
P4				
合计				

综合管理费用明细表 单位：万元

项　目	金　额	备　注
管理费		
广告费		
保养费		
租　金		
转产费		
市场准入开拓		□区域 □国内 □亚洲 □国际

（续表）

项　目	金　额	备　注
ISO 资格认证		□ ISO9000　□ ISO14000
产品研发		P1（　　）　P2（　　） P3（　　）　P4（　　）
其　他		
合　计		

利　润　表　　单位：万元

项　目	上年数	本年数
销售收入		
直接成本		
毛利		
综合管理费用		
折旧前利润		
折旧		
支付利息前利润		
财务收入/支出		
其他收入/支出		
税前利润		
所得税		
净利润		

资产负债表　　单位：万元

资　产	期初数	期末数	负债和所有者权益	期初数	期末数
流动资产：			负债：		
现金			长期负债		

（续表）

资　产	期初数	期末数	负债和所有者权益	期初数	期末数
应收账款			短期负债		
在产品			应付账款		
产成品			应交税金		
原材料			一年内到期的长期负债		
流动资产合计			负债合计		
固定资产：			所有者权益：		
土地和建筑			股东资本		
机器与设备			利润留存		
在建工程			年度净利润		
固定资产合计			所有者权益合计		
资产总计			负债和所有者权益总计		

第 2 年

企业经营流程 请按顺序执行下列各项操作	每执行完一项操作，CEO 在相应的方格内打勾 CFO（助理）在方格中填写现金收支情况			
年度规划会议				
参加订货会/登记销售订单				
制订新年度计划				
支付税金				
季初现金盘点（填写余额）				

（续表）

更新短期贷款/还本付息/申请短期贷款（高利贷）				
更新应付账款/归还应付账款				
原材料入库/更新原材料订单				
订购原材料				
更新生产/完工入库				
新建生产线/出售生产线/生产线转产				
向其他企业购买原材料/出售原材料				
开始下一批生产				
更新应收账款/应收账款收现				
出售厂房				
向其他企业购买成品/出售成品				
按订单交货				
产品研发投资				
支付行政管理费				
其他现金收支情况登记				
支付利息/更新长期贷款/申请长期贷款				
支付设备维护费				
支付租金/购买厂房				
计提折旧				
市场开拓/ISO 投资				
结账				

（续表）

现金收入合计				
现金支出合计				
期末现金对账（填写余额）				

现金预算表

单位：万元

项目	1	2	3	4
期初库存现金				
支付上年应交税				
市场广告投入				
贴现费用				
利息（短期贷款）				
支付到期短期贷款				
原材料采购				
转产费用				
生产线投资				
工人工资				
产品研发投资				
收到现金前的所有支出				
应收账款到期				
支付管理费用				
利息（长期贷款）				
支付到期长期贷款				

（续表）

项目	1	2	3	4
设备维护费用				
租金				
购买新建筑				
市场开拓				
ISO 投资				
其他				
库存现金余额				

要点记录

第 1 季度：________________

第 2 季度：________________

第 3 季度：________________

第 4 季度：________________

年度小结：________________

____

订单登记表

订单编号	市场	产品	数量	账期	销售额	成本	毛利	未售

（续表）

订单编号	市场	产品	数量	账期	销售额	成本	毛利	未售
合计								

产品核算统计表

项目	数量	销售额/万元	成本/万元	毛利/万元
P1				
P2				
P3				
P4				
合计				

综合管理费用明细表 单位：万元

项　目	金　额	备　注
管理费		
广告费		
保养费		
租　金		
转产费		

（续表）

项　目	金　额	备　注
市场准入开拓		□ 区域　□ 国内　□ 亚洲　□ 国际
ISO 资格认证		□ ISO9000　□ ISO14000
产品研发		P1（　　）　P2（　　） P3（　　）　P4（　　）
其　他		
合　计		

利　润　表　　单位：万元

项　目	上年数	本年数
销售收入		
直接成本		
毛利		
综合管理费用		
折旧前利润		
折旧		
支付利息前利润		
财务收入/支出		
其他收入/支出		
税前利润		
所得税		
净利润		

资产负债表　　单位：万元

资　产	期初数	期末数	负债和所有者权益	期初数	期末数
流动资产：			负债：		
现金			长期负债		
应收账款			短期负债		
在产品			应付账款		
产成品			应交税金		
原材料			一年内到期的长期负债		
流动资产合计			负债合计		
固定资产：			所有者权益：		
土地和建筑			股东资本		
机器与设备			利润留存		
在建工程			年度净利润		
固定资产合计			所有者权益合计		
资产总计			负债和所有者权益总计		

第 3 年

企业经营流程 请按顺序执行下列各项操作	每执行完一项操作，CEO 在相应的方格内打勾 CFO（助理）在方格中填写现金收支情况			
年度规划会议				
参加订货会/登记销售订单				
制订新年度计划				
支付税金				

（续表）

季初现金盘点（填写余额）				
更新短期贷款/还本付息/申请短期贷款（高利贷）				
更新应付账款/归还应付账款				
原材料入库/更新原材料订单				
订购原材料				
更新生产/完工入库				
新建生产线/出售生产线/生产线转产				
向其他企业购买原材料/出售原材料				
开始下一批生产				
更新应收账款/应收账款收现				
出售厂房				
向其他企业购买成品/出售成品				
按订单交货				
产品研发投资				
支付行政管理费				
其他现金收支情况登记				
支付利息/更新长期贷款/申请长期贷款				
支付设备维护费				
支付租金/购买厂房				
计提折旧				
市场开拓/ISO 投资				
结账				
现金收入合计				

（续表）

现金支出合计				
期末现金对账（填写余额）				

现金预算表 单位：万元

项目	1	2	3	4
期初库存现金				
支付上年应交税				
市场广告投入				
贴现费用				
利息（短期贷款）				
支付到期短期贷款				
原材料采购				
转产费用				
生产线投资				
工人工资				
产品研发投资				
收到现金前的所有支出				
应收账款到期				
支付管理费用				
利息（长期贷款）				
支付到期长期贷款				
设备维护费用				
租金				

（续表）

项目	1	2	3	4
购买新建筑				
市场开拓				
ISO 投资				
其他				
库存现金余额				

要点记录

第 1 季度：________________

第 2 季度：________________

第 3 季度：________________

第 4 季度：________________

年度小结：________________

____

订单登记表

订单编号	市场	产品	数量	账期	销售额	成本	毛利	未售

（续表）

订单编号	市场	产品	数量	账期	销售额	成本	毛利	未售
合计								

产品核算统计表

项目	数量	销售额/万元	成本/万元	毛利/万元
P1				
P2				
P3				
P4				
合计				

综合管理费用明细表 单位：万元

项　目	金　额	备　注
管理费		
广告费		
保养费		
租　金		
转产费		
市场准入开拓		□ 区域　□ 国内　□ 亚洲　□ 国际
ISO 资格认证		□ ISO9000　□ ISO14000

（续表）

项　目	金　额	备　注
产品研发		P1（　　）　P2（　　） P3（　　）　P4（　　）
其　他		
合　计		

利　润　表　　　　单位：万元

项　目	上年数	本年数
销售收入		
直接成本		
毛利		
综合管理费用		
折旧前利润		
折旧		
支付利息前利润		
财务收入/支出		
其他收入/支出		
税前利润		
所得税		
净利润		

资产负债表　　　　单位：万元

资　产	期初数	期末数	负债和所有者权益	期初数	期末数
流动资产：			负债：		
现金			长期负债		

（续表）

资　产	期初数	期末数	负债和所有者权益	期初数	期末数
应收账款			短期负债		
在产品			应付账款		
产成品			应交税金		
原材料			一年内到期的长期负债		
流动资产合计			负债合计		
固定资产：			所有者权益：		
土地和建筑			股东资本		
机器与设备			利润留存		
在建工程			年度净利润		
固定资产合计			所有者权益合计		
资产总计			负债和所有者权益总计		

第　4　年

企业经营流程 请按顺序执行下列各项操作	每执行完一项操作，CEO 在相应的方格内打勾 CFO（助理）在方格中填写现金收支情况			
年度规划会议				
参加订货会/登记销售订单				
制订新年度计划				
支付税金				
季初现金盘点（填写余额）				
更新短期贷款/还本付息/申请短期贷款（高利贷）				

（续表）

更新应付账款/归还应付账款				
原材料入库/更新原材料订单				
订购原材料				
更新生产/完工入库				
新建生产线/出售生产线/生产线转产				
向其他企业购买原材料/出售原材料				
开始下一批生产				
更新应收账款/应收账款收现				
出售厂房				
向其他企业购买成品/出售成品				
按订单交货				
产品研发投资				
支付行政管理费				
其他现金收支情况登记				
支付利息/更新长期贷款/申请长期贷款				
支付设备维护费				
支付租金/购买厂房				
计提折旧				
市场开拓/ISO 投资				
结账				
现金收入合计				
现金支出合计				
期末现金对账（填写余额）				

现金预算表

单位：万元

项目	1	2	3	4
期初库存现金				
支付上年应交税金				
市场广告投入				
贴现费用				
利息（短期贷款）				
支付到期短期贷款				
原材料采购				
转产费用				
生产线投资				
工人工资				
产品研发投资				
收到现金前的所有支出				
应收账款到期				
支付管理费用				
利息（长期贷款）				
支付到期长期贷款				
设备维护费用				
租金				
购买新建筑				
市场开拓				

（续表）

项目	1	2	3	4
ISO 投资				
其他				
库存现金余额				

要点记录

第 1 季度：________________

第 2 季度：________________

第 3 季度：________________

第 4 季度：________________

年度小结：________________

____

订单登记表

订单编号	市场	产品	数量	账期	销售额	成本	毛利	未售

（续表）

订单编号	市场	产品	数量	账期	销售额	成本	毛利	未售
合计								

产品核算统计表

项目	数量	销售额/万元	成本/万元	毛利/万元
P1				
P2				
P3				
P4				
合计				

综合管理费用明细表 单位：万元

项　目	金　额	备　注
管理费		
广告费		
保养费		
租　金		
转产费		
市场准入开拓		□区域　□国内　□亚洲　□国际
ISO 资格认证		□ISO9000　□ISO14000
产品研发		P1（　　）　P2（　　） P3（　　）　P4（　　）
其　他		
合　计		

利　润　表　　单位：万元

项　目	上年数	本年数
销售收入		
直接成本		
毛利		
综合管理费用		
折旧前利润		
折旧		
支付利息前利润		
财务收入/支出		
其他收入/支出		
税前利润		
所得税		
净利润		

资产负债表　　单位：万元

资　产	期初数	期末数	负债和所有者权益	期初数	期末数
流动资产：			负债：		
现金			长期负债		
应收账款			短期负债		
在产品			应付账款		
产成品			应交税金		
原材料			一年内到期的长期负债		

（续表）

资　产	期初数	期末数	负债和所有者权益	期初数	期末数
流动资产合计			负债合计		
固定资产：			所有者权益：		
土地和建筑			股东资本		
机器与设备			利润留存		
在建工程			年度净利润		
固定资产合计			所有者权益合计		
资产总计			负债和所有者权益总计		

第 5 年

企业经营流程 请按顺序执行下列各项操作	每执行完一项操作，CEO在相应的方格内打勾 CFO（助理）在方格中填写现金收支情况			
年度规划会议				
参加订货会/登记销售订单				
制订新年度计划				
支付税金				
季初现金盘点（填写余额）				
更新短期贷款/还本付息/申请短期贷款（高利贷）				
更新应付账款/归还应付账款				
原材料入库/更新原材料订单				
订购原材料				
更新生产/完工入库				

（续表）

新建生产线/出售生产线/生产线转产				
向其他企业购买原材料/出售原材料				
开始下一批生产				
更新应收账款/应收账款收现				
出售厂房				
向其他企业购买成品/出售成品				
按订单交货				
产品研发投资				
支付行政管理费				
其他现金收支情况登记				
支付利息/更新长期贷款/申请长期贷款				
支付设备维护费				
支付租金/购买厂房				
计提折旧				
市场开拓/ISO 投资				
结账				
现金收入合计				
现金支出合计				
期末现金对账（填写余额）				

现金预算表

单位：万元

项目	1	2	3	4
期初库存现金				
支付上年应交税金				

（续表）

项目	1	2	3	4
市场广告投入				
贴现费用				
利息（短期借款）				
支付到期短期借款				
原材料采购				
转产费用				
生产线投资				
工人工资				
产品研发投资				
收到现金前的所有支出				
应收账款到期				
支付管理费用				
利息（长期借款）				
支付到期长期借款				
设备维护费用				
租金				
购买新建筑				
市场开拓				
ISO 投资				

（续表）

项目	1	2	3	4
其他				
库存现金余额				

要点记录

第 1 季度：__________

第 2 季度：__________

第 3 季度：__________

第 4 季度：__________

年度小结：__________

订单登记表

订单编号	市场	产品	数量	账期	销售额	成本	毛利	未售
合计								

产品核算统计表

项目	数量	销售额/万元	成本/万元	毛利/万元
P1				
P2				
P3				
P4				
合计				

综合管理费用明细表 单位：万元

项　目	金　额	备　注
管理费		
广告费		
保养费		
租　金		
转产费		
市场准入开拓		□ 区域　□ 国内　□ 亚洲　□ 国际
ISO 资格认证		□ ISO9000　□ ISO14000
产品研发		P1（　　）　P2（　　） P3（　　）　P4（　　）
其　他		
合　计		

利　润　表 单位：万元

项　目	上年数	本年数
销售收入		
直接成本		

（续表）

项　目	上年数	本年数
毛利润		
综合管理费用		
折旧前利润		
折旧		
支付利息前利润		
财务收入/支出		
其他收入/支出		
税前利润		
所得税		
净利润		

资产负债表　　单位：万元

资　产	期初数	期末数	负债和所有者权益	期初数	期末数
流动资产：			负债：		
现金			长期负债		
应收账款			短期负债		
在产品			应付账款		
产成品			应交税金		
原材料			一年内到期的长期负债		
流动资产合计			负债合计		
固定资产：			所有者权益：		
土地和建筑			股东资本		

（续表）

资　产	期初数	期末数	负债和所有者权益	期初数	期末数
机器与设备			利润留存		
在建工程			年度净利润		
固定资产合计			所有者权益合计		
资产总计			负债和所有者权益总计		

第 6 年

企业经营流程 请按顺序执行下列各项操作 每执行完一项操作，CEO 在相应的方格内打勾 CFO（助理）在方格中填写现金收支情况				
年度规划会议				
参加订货会/登记销售订单				
制订新年度计划				
支付税金				
季初现金盘点（填写余额）				
更新短期贷款/还本付息/申请短期贷款（高利贷）				
更新应付账款/归还应付账款				
原材料入库/更新原材料订单				
订购原材料				
更新生产/完工入库				
新建生产线/出售生产线/生产线转产				
向其他企业购买原材料/出售原材料				

（续表）

开始下一批生产				
更新应收账款/应收账款收现				
出售厂房				
向其他企业购买成品/出售成品				
按订单交货				
产品研发投资				
支付行政管理费				
其他现金收支情况登记				
支付利息/更新长期贷款/申请长期贷款				
支付设备维护费				
支付租金/购买厂房				
计提折旧				
市场开拓/ISO 投资				
结账				
现金收入合计				
现金支出合计				
期末现金对账（填写余额）				

现金预算表　　单位：万元

项目	1	2	3	4
期初库存现金				
支付上年应交税金				
市场广告投入				

（续表）

项目	1	2	3	4
贴现费用				
利息（短期贷款）				
支付到期短期贷款				
原材料采购				
转产费用				
生产线投资				
工人工资				
产品研发投资				
收到现金前的所有支出				
应收账款到期				
支付管理费用				
利息（长期贷款）				
支付到期长期贷款				
设备维护费用				
租金				
购买新建筑				
市场开拓				
ISO 投资				

（续表）

项目	1	2	3	4
其他				
库存现金余额				

要点记录

第 1 季度：________________

第 2 季度：________________

第 3 季度：________________

第 4 季度：________________

年度小结：________________

____

订单登记表

订单编号	市场	产品	数量	账期	销售额	成本	毛利	未售
合计								

产品核算统计表

项目	数量	销售额/万元	成本/万元	毛利/万元
P1				
P2				
P3				
P4				
合计				

综合管理费用明细表 单位：万元

项　目	金　额	备　注
管理费		
广告费		
保养费		
租　金		
转产费		
市场准入开拓		□区域　□国内　□亚洲　□国际
ISO 资格认证		□ISO9000　□ISO14000
产品研发		P1（　　）　P2（　　） P3（　　）　P4（　　）
其　他		
合　计		

利　润　表 单位：万元

项　目	上年数	本年数
销售收入		
直接成本		

（续表）

项　目	上年数	本年数
毛利润		
综合管理费用		
折旧前利润		
折旧		
支付利息前利润		
财务收入/支出		
其他收入/支出		
税前利润		
所得税		
净利润		

资产负债表

单位：万元

资　产	期初数	期末数	负债和所有者权益	期初数	期末数
流动资产：			负债：		
现金			长期负债		
应收账款			短期负债		
在产品			应付账款		
产成品			应交税金		
原材料			一年内到期的长期负债		
流动资产合计			负债合计		
固定资产：			所有者权益：		
土地和建筑			股东资本		

（续表）

资　产	期初数	期末数	负债和所有者权益	期初数	期末数
机器与设备			利润留存		
在建工程			年度净利润		
固定资产合计			所有者权益合计		
资产总计			负债和所有者权益总计		

例表类型二：

第　1　年

企业经营管理流程

经营步骤	第 1 季度	第 2 季度	第 3 季度	第 4 季度
期初现金				

（续表）

经营步骤	第 1 季度	第 2 季度	第 3 季度	第 4 季度

本年订单

订单编号	市场	产品	数量	单价	金额	成本	毛利

（续表）

订单编号	市场	产品	数量	单价	金额	成本	毛利

现金预算表 单位：万元

	1	2	3	4
期初库存现金				
支付上年应交税金				
市场广告投入				
贴现费用				
利息（短期贷款）				
支付到期短期贷款				
原材料采购				
转产费用				
生产线投资				
工人工资				
产品研发投资				
收到现金前的所有支出				
应收账款到期				
支付管理费用				
利息（长期贷款）				
支付到期长期贷款				

（续表）

	1	2	3	4
设备维护费用				
租金				
购买新建筑				
市场开拓				
ISO 投资				
其他				
库存现金余额				

要点记录

第 1 季度：______________________________

第 2 季度：______________________________

第 3 季度：______________________________

第 4 季度：______________________________

年度小结：______________________________

____

综合管理费用明细表　　单位：万元

项　目	金　额	备　　注
管理费		
广告费		
保养费		
租　金		
转产费		

（续表）

项　目	金　额	备　注
市场准入开拓		□ 区域　□ 国内　□ 亚洲　□ 国际
ISO 资格认证		□ ISO9000　□ ISO14000
产品研发		P1（　　）　P2（　　） P3（　　）　P4（　　）
其　他		
合　计		

利　润　表　　单位：万元

项　目	上年数	本年数
销售收入		
直接成本		
毛利润		
综合管理费用		
折旧前利润		
折旧		
支付利息前利润		
财务收入/支出		
其他收入/支出		
税前利润		
所得税		
净利润		

资产负债表　　单位：万元

资　产	期初数	期末数	负债和所有者权益	期初数	期末数
流动资产：			负债：		
现金			长期负债		
应收账款			短期负债		
在产品			应付账款		
产成品			应交税金		
原材料			一年内到期的长期负债		
流动资产合计			负债合计		
固定资产：			所有者权益：		
土地和建筑			股东资本	50	
机器与设备			利润留存	11	
在建工程			年度净利润	3	
固定资产合计			所有者权益合计	64	
资产总计			负债和所有者权益总计	105	

第 2 年

现金预算表　　单位：万元

	1	2	3	4
期初库存现金				
支付上年应交税金				
市场广告投入				

（续表）

	1	2	3	4
贴现费用				
利息（短期贷款）				
支付到期短期贷款				
原材料采购				
转产费用				
生产线投资				
工人工资				
产品研发投资				
收到现金前的所有支出				
应收账款到期				
支付管理费用				
利息（长期贷款）				
支付到期长期贷款				
设备维护费用				
租金				
购买新建筑				
市场开拓				
ISO 投资				

（续表）

	1	2	3	4
其他				
库存现金余额				

要点记录

第 1 季度：________________

第 2 季度：________________

第 3 季度：________________

第 4 季度：________________

年度小结：________________

____

综合管理费用明细表　　单位：万元

项　目	金　额	备　注
管理费		
广告费		
保养费		
租　金		
转产费		
市场准入开拓		□区域　□国内　□亚洲　□国际
ISO 资格认证		□ ISO9000　□ ISO14000
产品研发		P1（　）　P2（　） P3（　）　P4（　）
其　他		
合　计		

利　润　表　　　　单位：万元

项　目	上年数	本年数
销售收入		
直接成本		
毛利润		
综合管理费用		
折旧前利润		
折旧		
支付利息前利润		
财务收入/支出		
其他收入/支出		
税前利润		
所得税		
净利润		

资产负债表　　　　单位：万元

资　产	期初数	期末数	负债和所有者权益	期初数	期末数
流动资产：			负债：		
现金			长期负债		
应收账款			短期负债		
在产品			应付账款		
产成品			应交税金		
原材料			一年内到期的长期负债		

（续表）

资　产	期初数	期末数	负债和所有者权益	期初数	期末数
流动资产合计			负债合计		
固定资产：			所有者权益：		
土地和建筑			股东资本	50	
机器与设备			利润留存	11	
在建工程			年度净利润	3	
固定资产合计			所有者权益合计	64	
资产总计			负债和所有者权益总计	105	

第 3 年

现金预算表

单位：万元

	1	2	3	4
期初库存现金				
支付上年应交税金				
市场广告投入				
贴现费用				
利息（短期贷款）				
支付到期短期贷款				
原材料采购				
转产费用				
生产线投资				
工人工资				

（续表）

	1	2	3	4
产品研发投资				
收到现金前的所有支出				
应收账款到期				
支付管理费用				
利息（长期贷款）				
支付到期长期贷款				
设备维护费用				
租金				
购买新建筑				
市场开拓				
ISO 投资				
其他				
库存现金余额				

要点记录

第 1 季度：________________

第 2 季度：________________

第 3 季度：________________

第 4 季度：________________

年度小结：________________

____

综合管理费用明细表　　单位：万元

项　目	金　额	备　注
管理费		
广告费		
保养费		
租　金		
转产费		
市场准入开拓		□区域　□国内　□亚洲　□国际
ISO资格认证		□ISO9000　□ISO14000
产品研发		P1（　）　P2（　） P3（　）　P4（　）
其　他		
合　计		

利　润　表　　单位：万元

项　目	上年数	本年数
销售收入		
直接成本		
毛利润		
综合管理费用		
折旧前利润		
折旧		
支付利息前利润		
财务收入/支出		

（续表）

项　目	上年数	本年数
其他收入/支出		
税前利润		
所得税		
净利润		

资产负债表　　单位：万元

资　产	期初数	期末数	负债和所有者权益	期初数	期末数
流动资产：			负债：		
现金			长期负债		
应收账款			短期负债		
在产品			应付账款		
产成品			应交税金		
原材料			一年内到期的长期负债		
流动资产合计			负债合计		
固定资产：			所有者权益：		
土地和建筑			股东资本	50	
机器与设备			利润留存	11	
在建工程			年度净利润	3	
固定资产合计			所有者权益合计	64	
资产总计			负债和所有者权益总计	105	

第 4 年

现金预算表

单位：万元

	1	2	3	4
期初库存现金				
支付上年应交税金				
市场广告投入				
贴现费用				
利息（短期贷款）				
支付到期短期贷款				
原材料采购				
转产费用				
生产线投资				
工人工资				
产品研发投资				
收到现金前的所有支出				
应收账款到期				
支付管理费用				
利息（长期贷款）				
支付到期长期贷款				
设备维护费用				
租金				
购买新建筑				
市场开拓				

（续表）

	1	2	3	4
ISO 投资				
其他				
库存现金余额				

要点记录

第 1 季度：______________________________

第 2 季度：______________________________

第 3 季度：______________________________

第 4 季度：______________________________

年度小结：______________________________

____

综合管理费用明细表 单位：万元

项　目	金　额	备　注
管理费		
广告费		
保养费		
租　金		
转产费		
市场准入开拓		□ 区域　□ 国内　□ 亚洲　□ 国际
ISO 资格认证		□ ISO9000　□ ISO14000
产品研发		P1（　　）　P2（　　） P3（　　）　P4（　　）
其　他		
合　计		

利 润 表 单位：万元

项 目	上年数	本年数
销售收入		
直接成本		
毛利润		
综合管理费用		
折旧前利润		
折旧		
支付利息前利润		
财务收入/支出		
其他收入/支出		
税前利润		
所得税		
净利润		

资产负债表 单位：万元

资 产	期初数	期末数	负债和所有者权益	期初数	期末数
流动资产：			负债：		
现金			长期负债		
应收账款			短期负债		
在产品			应付账款		
产成品			应交税金		
原材料			一年内到期的长期负债		

（续表）

资　产	期初数	期末数	负债和所有者权益	期初数	期末数
流动资产合计			负债合计		
固定资产：			所有者权益：		
土地和建筑			股东资本		
机器与设备			利润留存		
在建工程			年度净利润		
固定资产合计			所有者权益合计		
资产总计			负债和所有者权益总计		

第 5 年

现金预算表

单位：万元

	1	2	3	4
期初库存现金				
支付上年应交税金				
市场广告投入				
贴现费用				
利息（短期贷款）				
支付到期短期贷款				
原材料采购				
转产费用				
生产线投资				

（续表）

	1	2	3	4
工人工资				
产品研发投资				
收到现金前的所有支出				
应收账款到期				
支付管理费用				
利息（长期贷款）				
支付到期长期贷款				
设备维护费用				
租金				
购买新建筑				
市场开拓				
ISO 投资				
其他				
库存现金余额				

要点记录

第 1 季度：________________________________

第 2 季度：________________________________

第 3 季度：________________________________

第 4 季度：________________________________

年度小结：________________________________

____

综合管理费用明细表 单位：万元

项　目	金　额	备　注
管理费		
广告费		
保养费		
租　金		
转产费		
市场准入开拓		□区域　□国内　□亚洲　□国际
ISO 资格认证		□ISO9000　□ISO14000
产品研发		P1（　　）　P2（　　） P3（　　）　P4（　　）
其　他		
合　计		

利　润　表 单位：万元

项　目	上年数	本年数
销售收入		
直接成本		
毛利润		
综合管理费用		
折旧前利润		
折旧		
支付利息前利润		
财务收入/支出		

（续表）

项　目	上年数	本年数
其他收入/支出		
税前利润		
所得税		
净利润		

资产负债表

单位：万元

资　产	期初数	期末数	负债和所有者权益	期初数	期末数
流动资产：			负债：		
现金			长期负债		
应收账款			短期负债		
在产品			应付账款		
产成品			应交税金		
原材料			一年内到期的长期负债		
流动资产合计			负债合计		
固定资产：			所有者权益：		
土地和建筑			股东资本		
机器与设备			利润留存		
在建工程			年度净利润		
固定资产合计			所有者权益合计		
资产总计			负债和所有者权益总计		

第 6 年

现金预算表 单位：万元

	1	2	3	4
期初库存现金				
支付上年应交税金				
市场广告投入				
贴现费用				
利息（短期贷款）				
支付到期短期贷款				
原材料采购				
转产费用				
生产线投资				
工人工资				
产品研发投资				
收到现金前的所有支出				
应收账款到期				
支付管理费用				
利息（长期贷款）				
支付到期长期贷款				
设备维护费用				
租金				
购买新建筑				
市场开拓				

(续表)

	1	2	3	4
ISO 投资				
其他				
库存现金余额				

要点记录

第 1 季度：______________________________

第 2 季度：______________________________

第 3 季度：______________________________

第 4 季度：______________________________

年度小结：______________________________

____

综合管理费用明细表 单位：万元

项　目	**金　额**	**备　注**
管理费		
广告费		
保养费		
租　金		
转产费		
市场准入开拓		□ 区域　□ 国内　□ 亚洲　□ 国际
ISO 资格认证		□ ISO9000　□ ISO14000
产品研发		P1（　　）　P2（　　） P3（　　）　P4（　　）
其　他		
合　计		

利　润　表　　　　单位：万元

项　目	上年数	本年数
销售收入		
直接成本		
毛利润		
综合管理费用		
折旧前利润		
折旧		
支付利息前利润		
财务收入/支出		
其他收入/支出		
税前利润		
所得税		
净利润		

资产负债表　　　　单位：万元

资　产	期初数	期末数	负债和所有者权益	期初数	期末数
流动资产：			负债：		
现金			长期负债		
应收账款			短期负债		
在产品			应付账款		
产成品			应交税金		
原材料			一年内到期的长期负债		

（续表）

资　产	期初数	期末数	负债和所有者权益	期初数	期末数
流动资产合计			负债合计		
固定资产：			所有者权益：		
土地和建筑			股东资本		
机器与设备			利润留存		
在建工程			年度净利润		
固定资产合计			所有者权益合计		
资产总计			负债和所有者权益总计		

生产记录表（一）　　单位：万元

生产线	第 1 年				第 2 年				第 3 年			
产品												
设备投资												
产品												
设备投资												
产品												
设备投资												
产品												
设备投资												
产品												
设备投资												

（续表）

生产线		第 1 年				第 2 年				第 3 年			
产品													
设备投资													
合计	产品												
	设备投资												

生产记录表（二） 单位：万元

生产线	第 4 年				第 5 年				第 6 年			
产品												
设备投资												
产品												
设备投资												
产品												
设备投资												
产品												
设备投资												
产品												
设备投资												
产品												
设备投资												

(续表)

生产线		第 4 年				第 5 年				第 6 年			
合计	产品												
	设备投资												

图书在版编目（CIP）数据

企业模拟经营沙盘实战操作手册 / 项娜等主编. --上海：同济大学出版社，2024.12

ISBN 978-7-5765-0712-6

Ⅰ. ①企… Ⅱ. ①项… Ⅲ. ①企业管理—计算机管理系统—手册 Ⅳ. ①F272.7-62

中国国家版本馆 CIP 数据核字（2023）第 018362 号

企业模拟经营沙盘实战操作手册

主　编　项　娜　李　犇　张俊松　原亚鑫

责任编辑　陈佳蔚　**责任校对**　徐逢乔　**封面设计**　渲彩轩

出版发行　同济大学出版社　www.tongjipress.com.cn

（地址：上海市四平路 1239 号　邮编：200092　电话：021-65985622）

经　销　全国各地新华书店、建筑书店、网络书店

排　版　南京月叶图文制作有限公司

印　刷　苏州市古得堡数码印刷有限公司

开　本　890 mm×1240 mm　1/32

印　张　4.625

字　数　112 000

版　次　2024 年 12 月第 1 版

印　次　2024 年 12 月第 1 次印刷

书　号　ISBN 978-7-5765-0712-6

定　价　36.00 元